Klasse 9/10

Jochen Vatter

Lückenfüller Deutsch 9/10

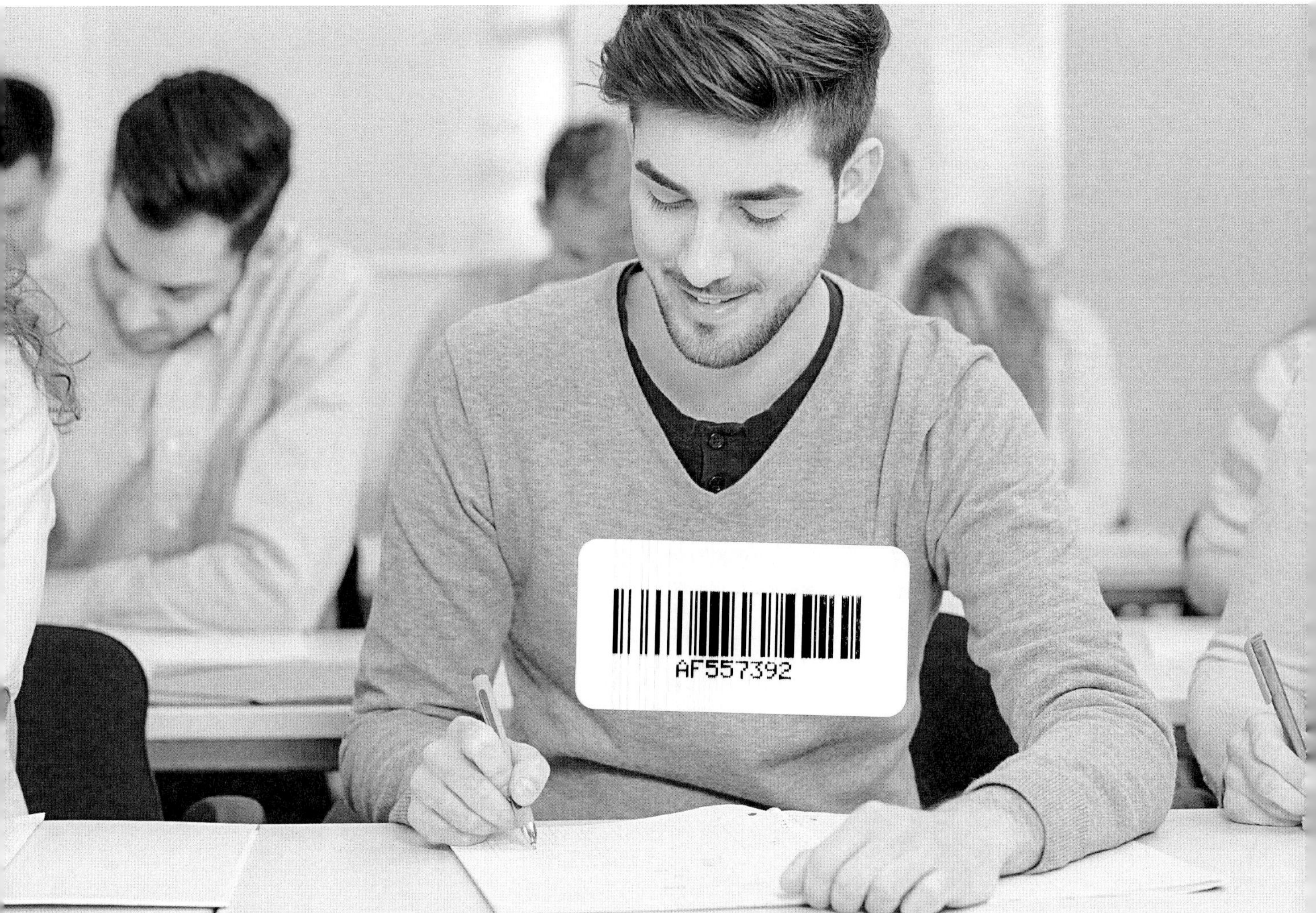

Aufgaben für flotte Schüler

www.kohlverlag.de

Lückenfüller Deutsch 9/10

Aufgaben für flotte Schüler

1. Auflage 2023

Inhalt: Jochen Vatter
Coverbild: Robert Kneschke - AdobeStock.com
Redaktion: Kohl-Verlag
Grafik & Satz: Kohl-Verlag
Druck: Druckerei Flock, Köln

Bestell-Nr. 12 998

ISBN: 978-3-98841-001-6

Bildquellen:

AdobeStock.com:

S.2: Africa Studio; S. 6: Dancing Man; S. 7: Jerry, Tajuddin, djvstock; S. 8: blende11.photo; S. 9: puchongart; S. 10+11: suorun; S. 13: suorun, Composer; S. 14: kisscsanad; S. 16: AmazeinDesign; S. 17: Mario Hoesel; S. 18: helivideo, Lars Gieger, lielos; S. 20-22: Verlagsgruppe Random House GmbH; S. 23: strichfiguren; S. 24: strichfiguren, askib; S. 25: strichfiguren, bigmen; S. 26: strichfiguren, ArtFamily; S. 27: strichfiguren, voron4ihina, Astira, VectorVicePhoto, ; S. 28: strichfiguren, ribitts, Morgan Ph; S. 29: strichfiguren, drawlab19, Igor; S. 30+31: Maxim Grebeshkov; S. 32: Maxim Grebeshkov; S. 34: oneinchpunch; S. 35: misu, Stillfx; S. 36: Stillfx, dlyastokiv.; S. 37: dlyastokiv.; S. 38: dlyastokiv, diez-artwork, yan4ik, snaptitude; S. 39: diez-artwork; S. 40: diez-artwork, VecTerrain; S. 42-44: Alina Kolyuka; S. 46: BillionPhotos com; S. 47: miko, AmethystStudio; S. 48: lielos, Eric Isselée; S. 49: tryama; S. 52: Nomad_Soul; S. 53: ochikosan; S. 54: lassedesignen, hkama, VectorMine; S. 55: djma, shootingankauf, Kitty, Christian Schwier, motortion, Seventyfour; S. 58: DimaBerlin, burdun, motortion, TheVisualsYouNeed; S. 60: Peter Hermes Furian; S. 61: voyata, Stefanie; S. 62: Dariia; S. 63: DN6, pb press; S. 64: lunamarina; S. 65: George Erwin Turner; S. 67: blackdiamond67, RIMM_art; S. 69: Prostock-studio; S. 70: Prostock-studio, таня таня; S. 71: comicsans, Spaulding; S. Valenty, Anna, GarkushaArt, OneLineStock; S. 83: VectorMine; S. 85: Frogella.stock; S. 86: pavalena;

Wikipedia.de: S. 47, 66

Clipart.com: S. 8, 9, 32, 47

Autor: S. 5; 59, 68

Der vorliegende Band ist eine Print-Einzellizenz

Sie wollen unsere Kopiervorlagen auch digital nutzen? Kein Problem – fast das gesamte KOHL-Sortiment ist auch sofort als PDF-Download erhältlich! Wir haben verschiedene Lizenzmodelle zur Auswahl:

	Print-Version	PDF-Einzellizenz	PDF-Schullizenz	Kombipaket Print & PDF-Einzellizenz	Kombipaket Print & PDF-Schullizenz
Unbefristete Nutzung der Materialien	x	x	x	x	x
Vervielfältigung, Weitergabe und Einsatz der Materialien im eigenen Unterricht	x	x	x	x	x
Nutzung der Materialien durch alle Lehrkräfte des Kollegiums an der lizenzierten Schule			x		x
Einstellen des Materials im Intranet oder Schulserver der Institution			x		x

Die erweiterten Lizenzmodelle zu diesem Titel sind jederzeit im Online-Shop unter www.kohlverlag.de erhältlich.

Inhalt

Inhalt

Vorwort

Liebe Kolleginnen und Kollegen,

unsere *Lückenfüller sind geeignet, Wissenslücken und zeitliche Freiräume im Unterricht zu füllen*, Vertretungsstunden schnell und erfolgreich vorzubereiten und durchzuführen, Lerntheken, Stationen sowie Wochenplanarbeit sinnvoll und strukturiert zu organisieren, differenzierende und individualisierende Maßnahmen zu initiieren, sinnvolle Hausaufgaben anzubieten, Material zur Übung, Vertiefung und Festigung bereitzustellen, Distanzlernen zu unterstützen, Fördermaßnahmen für Schüler/innen mit Migrationshintergrund anzubieten und Motivation zu schaffen. Sie können auch in Zeiten des Distanzunterrichtes problemlos angewandt werden.

Auch der vorliegende Lückenfüller 9/10 der beliebten Reihe stellt ein Repertoire von Inhalten und Übungen bereit, das keiner Progression unterworfen und somit vielseitig einsetzbar ist. Er versteht sich als Angebot einer fortlaufenden Reihe, das untereinander kombiniert werden kann.

Lassen Sie auch gerne die Schüler/innen selbst auswählen. Das erhöht erfahrungsgemäß die Motivation.

Also dann – auf geht's!

Viel Spaß und Erfolg mit dem Material wünschen der Kohl-Verlag und

Jochen Vatter

1 Die deutsche Nationalhymne

Aufgabe 1: *Lies den Informationstext und präge ihn dir ein.*

Jeder Staat hat ein besonderes Musikstück, das zu seinem Erkennungsmerkmal geworden ist: seine Nationalhymne. Mit ihr präsentiert er sich zu besonderen Anlässen, bei internationalen Sportereignissen, Festanlässen, bei öffentlichen Veranstaltungen oder Staatsbesuchen. Die meisten Hymnen haben einen Text, der dann mitgesungen werden kann und soll. 1922 wurde das Deutschlandlied von August Heinrich Hoffmann von Fallersleben zur deutschen Nationalhymne. Nach der Wiedervereinigung Deutschlands im Jahr 1991 wurde festgelegt, dass nur die dritte Strophe des Deutschlandliedes als Nationalhymne gesungen wird.

Besonders die ausgelassene Stimmung bei der Fußball-Weltmeisterschaft 2006 in Deutschland trug dazu bei, dass die Hymne überall gegenwärtig war: Überall war „Einigkeit und Recht und Freiheit“ zu hören. Selbst Fan-Schals und T-Shirts wurden mit dem historischen Text bedruckt – und fanden viele begeisterte Käufer.

Komponist der Melodie war Joseph Haydn (1732-1809), Textdichter August Heinrich Hoffmann von Fallersleben (1798-1874)

Die deutsche Nationalhymne

Aufgabe 2: *Hier folgt der Liedtext der deutschen Nationalhymne. Ergänze die Zeilenenden.*

Vaterland! – Freiheit – Glückes – Vaterland! –
Hand! – Freiheit – streben – Unterpfand! – Vaterland

Einigkeit und Recht und ____________________

für das deutsche ____________________

Danach lasst uns alle ____________________

brüderlich mit Herz und ____________________

Einigkeit und Recht und ____________________

sind des Glückes ____________________

Blüh im Glanze dieses ____________________

blühe, deutsches ____________________

Blüh im Glanze dieses ____________________

blühe, deutsches ____________________

Aufgabe 3: *Lerne die Hymne auswendig, wenn du sie nicht schon kannst. Keine Frage, dass man sie auswendig können muss!*

2 Einigkeit und Recht und Freiheit

„Einigkeit und Recht und Freiheit sind des Glückes Unterpfand!“, so lautet überzeugend eine Textzeile in der deutschen Nationalhymne.

„Freiheit, Gleichheit, Brüderlichkeit“ – Diese Grundlagen für das, was wir heute unter „Freiheit“ verstehen, wurden in den USA mit der amerikanischen Unabhängigkeitserklärung von 1776 und in Frankreich mit der Französischen Revolution 1789 gelegt: Damit ist die Freiheit zur freien Entfaltung der eigenen Persönlichkeit gemeint.

Dies beinhaltet zum Beispiel die

- ✓ Meinungsfreiheit
- ✓ Glaubensfreiheit
- ✓ Freiheit der Berufswahl
- ✓ Reisefreiheit
- ✓ Wahlfreiheit
- ✓ Freiheit bei der Wohnsitzwahl

Aufgabe 1: *Welche Arten/Ausprägungen von Freiheit kannst du noch aufzählen?*

____

____

____

____

____

____

____

____

____

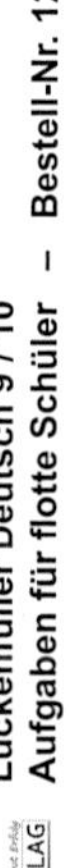

2 Einigkeit und Recht und Freiheit

Aufgabe 2: **a)** *Kennst du Situationen, in denen gegen diese Freiheitsrechte verstoßen wird?*

b) *In welchen Staaten oder politischen Systemen wird dagegen verstoßen?*

c) *Suche im Internet oder in der Zeitung Beispiele dafür.*

d) *Diskutiert dies in der Klasse.*

e) *In welchen bestimmten Situationen können Freiheitsrechte eigeschränkt werden? Denke an die Maßnahmen während der Covid-19-Pandemie.*

____

____

____

____

Aufgabe 3: *Kannst du den Artikel 2 des Grundgesetzes für die Bundesrepublik Deutschland vervollständigen? Fülle die Lücken, dann lerne ihn auswendig.*

Person – Entfaltung – unverletzlich – Ordnung – Rechte – Leben – verletzt – darf – Gesetzes – verstößt – Recht – Unversehrtheit

1. Jeder hat das ________________ auf die freie ________________ seiner Persönlichkeit, soweit er nicht die ________________ anderer ________________ und nicht gegen die verfassungsmäßige ________________ oder das Sittengesetz ________________.

2. Jeder hat das Recht auf ________________ und körperliche ________________. Die Freiheit der ________________ ist ________________ . In diese Rechte ________________ nur auf Grund eines ________________ eingegriffen werden.

Das bedeutet also: Die eigene Freiheit endet spätestens dort, wo die Freiheit anderer beginnt und geschützt werden muss.

3 Rechtschreibung

Rechtschreibstrategien

1. Ich ***spreche*** das Wort ***langsam*** und ***in Silben*** und erkenne einen Laut, einen Buchstaben, eine Buchstabengruppe, den/ die man sonst nicht hört. Beispiel: *hassn – hassen, lesn – lesen, hangln - hangeln, gießn - gießen, Wassa – Wasser, wissn - wissen*

2. Ich ***erkenne Adjektive*** an den ***Endungen*** und schreibe sie ***klein*** (*-ig, -lich, -sam, -isch, -bar*). Beispiel: *zuverlässig, verlässlich, heimisch, handsam, neidisch, sonderbar*

3. Ich ***erkenne Nomen*** an den ***Endungen*** und schreibe sie ***groß*** (*-schaft, -heit, -keit, -tum, -nis, -ung*). Beispiel: *Knappschaft, Berühmtheit, Einsamkeit, Reichtum, Wagnis, Haltung*

4. Ich ***erkenne Nomen***, wenn ich einen ***Artikel davorsetzen*** kann: *das* Band, *das* Buch, *die* Hose, *der* Saft, *ein* Hammer

5. Ich ***erkenne Nomen***, wenn ich ein ***Demonstrativpronomen*** (Beispiel: *dieses* Mal) oder ein ***Indefinitpronomen*** (Beispiel: *etwas* Wasser, *wenig* Aufmerksamkeit) oder ***Possessivpronomen*** (Beispiel: *mein* Auto) ***davorsetzen*** kann.

6. Ich ***schreibe Adjektive*** und ***Verben groß***, wenn ein ***Artikel*** oder eine ***Präposition davorstehen***. (Beispiel: *das* Tragen, *die* Süße, *der* Zwölfte, *beim* Lösen (= *bei dem Lösen*), *am* Schreien (= *an dem Schreien*), *zum* Reiten.

7. Ich ***erkenne Adjektive*** als ***Attribute*** (***Beifügungen***) und schreibe sie ***klein***. Beispiel: *der hohe* Turm, *das schönste* Gesicht, *der höchste* Berg, *das kleine* Haus

8. Ich ***bilde Infinitiv*** (Grundform), ***Plural*** oder ***Steigerungsform*** und erkenne dadurch Wörter, die man mit ***ä*** oder ***äu*** schreibt. Beispiel: *saufen - S**äu**fer, Traum - tr**äu**men, hart - h**ä**rter, tragen - Tr**ä**ger.*

9. Ich ***überprüfe***, ***ob die Regel*** „Nach l,n,r – das merke ja – steht nie tz und nie ck" ***zutrifft***: *Tänzer, Werke, Wälzer.*

10. Ich ***überprüfe***, ob ein ***kurz gesprochener Vokal*** oder ***Umlaut*** eine Mitlautverdopplung zu ***tz/ ck*** nötig macht, indem ich das ***Wort trenne*** oder ***in Silben spreche***. Beispiel: *Ta**tz**e, pu**tz**en, pa**ck**en, Ri**tz**e, Rü**ck**en*

3 Rechtschreibung

Rechtschreibstrategien – Aufgaben

1. Ich trenne Wörter, um eine Mitlautverdopplung zu erkennen (Beispiel: Wasser – Was – ser, Klasse – Klas – se, Trüffel – Trüf – fel).

<u>Aufgabe 1.1</u>: *Trenne mit einem senkrechten Strich.*

<u>Aufgabe 1.2</u>: *Markiere die Stellen, wo es sich um <u>keine</u> Mitlautverdopplung handelt.*

Ratten, Lattenzaun, Bettenverkauf, Wettervorhersage, Wellenbrecher, Wasserstrahl, knallig, Bettvorlage, Bretterverschlag, Fütterung, Futtermittel, Klassenraum, Papierrolle, Fallensteller, Brotzeitteller, abstellen, aufstellen, Hundebellen, Rebellen, Lotterie, Kutter, Mottenkugel, Schaffell, Trottel, Fischotter, Muttersöhnchen, Butterbrot, himmelblau, Hummelflug, Trommelstock, knabbern, Teekanne, Badewanne, Tunnelbau, Eisenbahntunnel, Ladenkasse, Wissenssendung, Waffenkammer, Kreuzfahrtschiffe, bissfest, Masse, Dogge, Ebbe, abbrechen

<u>Aufgabe 1.3</u>: *Warum ist bei Brotzeit-tel-ler nur <u>eine</u> Verdopplung zu erklären?*

<u>Aufgabe 1.4</u>: *Warum liegt bei Bluttransfusion <u>keine</u> Verdopplung vor?*

2. Ich überprüfe, ob die Regel „<u>Nach l,n,r – das merke ja - steht nie tz und nie ck</u>" zutrifft.

<u>Aufgabe 2.1</u>: *Markiere die entsprechenden Wortstellen.*

Grenze, grunzen, Quark, tanken, Grenzzaun, Tankstelle, abgrenzen, Beize, Holzweg, Hackentrick, Kleiderhaken, wankelmütig, Wackelzahn, Rakete, Warzenschwein, Backenzahn, zanken, Balzverhalten, Blitzschutz, Trockeneis, brenzlich, Lichtfunzel, Fackelzug, Franzbrötchen, Flecken, flink, brutzeln, Runzel, furzen, frotzeln, Quarkbällchen, Bankschalter, Bankangestellter, fränkisch, zänkisch, blank, Flickschuster, flitzen

<u>Aufgabe 2.2</u>: *Bilde zu jedem Wort ein verwandtes Wort. Schreibe es auf.*

<u>Beispiel</u>: Grenze - Landesgrenze

3. Ich überprüfe, ob ein Vokal/Umlaut kurz gesprochen wird und danach ein ck oder tz geschrieben werden muss (Beispiel: Haken – hacken, Laken – Lacke).

<u>Aufgabe 3.1</u>: *Markiere die entsprechenden Stellen im Wort.*

Backe, backen, Birke, bücken, Krake, Rücken, Krücke, Katze, kitzeln, Ritze, Batzen, Mieze, blitzen, Harke, Hacke, Lücke, knacken, knarzen, Bürzel, Warze, Hosenlatz, Mütze, balzen, Würze, Tigerkatze, katzbuckeln, Kratzbürste, Falz, Schlitze, kritzeln, Kreuzband, Straßenkreuzung, Hausarzt, Satzbildung, hinsetzen, Schleudersitz, Satzgegenstand, Wurzelgemüse, Mütze, glitzern, beizen, Geizhals

3 Rechtschreibung

Rechtschreibstrategien – Aufgaben

Aufgabe 3.2: *Ordne die Wörter aus Übung 3.1 in 4 Tabellenspalten ein.*

k	ck	z	tz

4. Ich überprüfe, ob ein Vokal/Umlaut kurz gesprochen wird und danach ein Mitlaut verdoppelt werden muss (Beispiel: Hüte – Hütte, Pudel – Paddel).

Aufgabe 4.1: *Teste die Aussprache: Lies die Wörter in Aufgabe 4.2. Beispiel: kam – Kamm*

Aufgabe 4.2: *Markiere die lang gesprochenen Laute.*

wieder – Widder – wider, Pudding - pudern, nähren – Narren, einloggen – Lüge, fällen – fehlen, stellen – stehlen, quellen – quälen, generell – General, offen – Ofen, Schall – Schale, Wall – Wal, stramm – Strom, innen – ihnen, Miete – Mitte, wenn – wen, Sperre - Speere, Rasen – Rassen, Masse – Maße, Gasse – Gase, hassen – Hasen, bitten – bieten, Saat – satt, vermitteln – vermieten, Watte – waten

Aufgabe 4.3: *Trage nun die Wörter in zwei Spalten ein.*

lang gesprochen	kurz gesprochen

5. Ich erkenne groß zu schreibende Adjektive und Verben, wenn ein Artikel oder eine Präposition davorsteht (Beispiel: das Tragen, die Schöne, der Erste, beim Lernen (= bei dem Lernen), am Pfeifen (= an dem Pfeifen), zum Fischen).

Aufgabe 5.1: *Bilde aus den folgenden Verben und Adjektiven groß zu schreibende (auch substantivierte Verben/Adjektive genannt), indem du Artikel oder Präpositionen davorsetzt:*

klein, grüßen, laufen, gut, böse, schwimmen, beste, lachen, letzte, groß, rechnen, trommeln, reiten

Beispiel: der Kleine, beim Grüßen, …

Aufgabe 5.2: *Bilde je einen Satz mit den Begriffen, die du in Aufgabe 5.1 substantiviert hast. Schreibe auf.*

Beispiel: In der Klasse ist David der Kleinste.

3 Rechtschreibung

Nomen an der Endung (dem Suffix) erkennen

Aufgabe 1: *Wörter, die die Endung (das Suffix) -heit, -keit, -nis, -schaft, -tum, -ung haben, sind Nomen. Sie schreibt man groß. Bilde aus den Adjektiven in der Tabelle Nomen mit einer dieser Endungen.*

reich	Reichtum	dumm		zufrieden	
verlegen		beliebt		wachsen	
geheim		beleidigen		halten	
besonnen		erlauben		kostbar	
berühmt		leiden		leicht	
warten		wissen		finster	
bedeuten		heiter		verschieden	
flüssig		gemein		wirken	
ziehen		trocken		hell	
bekannt		rot		hindern	
tapfer		zeichnen		heimlich	
knechten		erben		leiden	
eigen		herzlich		feucht	
herrschen		wohnen		bereit	
segnen		tapfer		lesen	
klug		bürgen		feige	
gefangen		üben		wagen	
ereignen		faulen		kostbar	
krank		sauber		gemein	
begraben		erkennen		ereignen	
dunkel		finster		frech	
gefangen		reich		bedrängen	
öffnen		üben		verneinen	
faul		grausam		rechnen	

3 Rechtschreibung

Ein Tennisspieler sitzt fest

6. Ich überprüfe, ob Adjektive oder Partizipien zu Nomen geworden sind.

Aufgabe 1: *Überprüfe im folgenden Text die Groß- und Kleinschreibung und begründe.*

Der serbische Tennisspieler Djokovic wollte zu Corona-Zeiten an einem Tennisturnier in Australien teilnehmen. Er legte bei der Einreise ein Visum vor, das jedoch keine medizinischen Ausnahmen für Ungeimpfte akzeptiert. Somit wurde ihm die Einreise verweigert und er kam in ein Abschiebehotel.

„Ich finde, dass um Djokovic ein viel zu Großer wirbel gemacht wird. Mich interessiert es nicht, ob Djokovic Geimpft ist oder nicht. Mich würde es aber interessieren, wenn ich der verantwortliche eines tennisturnieres wäre. Und wenn ich als verantwortlicher beschließe, dass ich nur geimpfte oder genesene zum turnier zulasse, dann verstehe ich nicht, was es daran auszusetzen gibt??? So wie jeder ungeimpfte sich das recht rausnimmt, sich nicht impfen zu lassen und für sich diese akzeptanz einfordert, fordere ich von den ungeimpften die Akzeptanz ein, dass ich eben nur geimpfte oder genesene auf meinem turnier zulassen würde."

Gelesen auf web.de am 09.03.2022

Adjektiv oder Substantiv?

7. Ich überprüfe bei gleichlautenden Wörtern, ob es sich um ein Adjektiv oder ein Substantiv handelt.

Aufgabe 1: *Unterscheide, ob du* ***gut-Gut, Licht-licht, Bar-bar, macht-Macht*** *einsetzt.*

gut-Gut Deinen Entschluss finde ich voll __________. Unsere Demokratie ist ein hohes __________. Das hast du aber __________ gemacht! Das ist __________ und gerne 1000€ wert. Die Flüchtlinge haben all ihr Hab und __________ verloren.

Licht-licht Dein Haupthaar wird aber schon ganz schön __________. Welche Bedeutung hat __________ für das Wachstum von Pflanzen? Dort hinten wird der Wald schon __________.

Bar-bar Hole mir einen Orangensaft an der __________. Ich zahle nur in __________. An der __________ steht eine Menschenschlange an. Kann ich die Summe in __________ haben?

macht-Macht Das __________ mir nichts aus. Die __________ des Geldes dominiert. Ihr Outfit __________ schon etwas her.

3 Rechtschreibung

Zusammengesetzte Nomen

Aufgabe 1: *Finde die 12 zusammengesetzten Nomen und umrande sie.*

Q	W	D	K	A	T	Z	E	N	N	A	P	F	B	F	T	F	V	B	F
V	H	N	E	F	U	ß	B	A	L	L	L	A	U	N	E	R	C	V	A
A	D	F	C	I	H	Z	T	R	B	N	J	K	L	W	D	T	F	T	H
C	X	C	V	L	N	M	S	D	F	G	H	J	K	L	W	D	C	V	R
K	E	F	R	M	T	H	T	E	L	L	E	R	R	A	N	D	T	J	R
E	N	H	B	M	R	E	D	F	C	V	H	U	O	K	M	H	T	F	A
R	F	T	T	U	V	B	N	B	F	T	Q	W	D	F	T	G	B	N	D
R	D	F	F	S	C	V	H	S	D	F	V	H	N	E	D	T	G	Z	D
Ü	W	D	D	I	F	T	G	L	W	D	X	D	F	C	V	H	Z	T	I
B	L	M	W	K	C	V	G	K	L	M	Y	X	C	V	B	N	M	S	E
E	X	H	D	W	T	J	F	F	X	H	Z	H	B	F	T	F	V	B	B
O	K	E	M	H	T	F	R	O	K	E	W	A	S	D	F	R	C	V	H
I	Z	H	B	S	C	H	A	U	F	E	L	L	A	D	E	R	F	T	G
G	E	W	I	T	T	E	R	R	E	G	E	N	K	L	W	D	C	V	G
N	J	K	L	W	D	T	F	T	G	B	H	O	S	E	N	N	A	H	T
T	A	U	B	E	N	N	E	S	T	H	J	K	L	W	D	C	V	G	T
V	G	C	F	X	H	Z	B	H	V	G	C	F	X	D	W	T	J	F	H
V	H	U	O	K	E	D	F	C	V	H	U	O	K	M	H	T	F	R	N
X	D	F	C	V	H	Z	T	R	B	N	G	E	W	A	L	T	T	A	T
D	A	C	K	E	L	L	I	E	B	E	H	U	O	K	M	H	T	F	R

Aufgabe 2: *Schreibe sie auf. Trenne sie dabei in ihre 2 Nomen.*

Katzen-Napf

Aufgabe 3: *Was fällt Dir bei der Schreibweise der zusammengesetzten Wörter auf?*

Zusammengesetzte Nomen

Aufgabe 4: *Bilde zusammengesetzte Nomen, bei denen es dadurch in der Mitte zur Verdopplung oder Verdreifachung der Konsonanten kommt. Schreibe sie auf.*

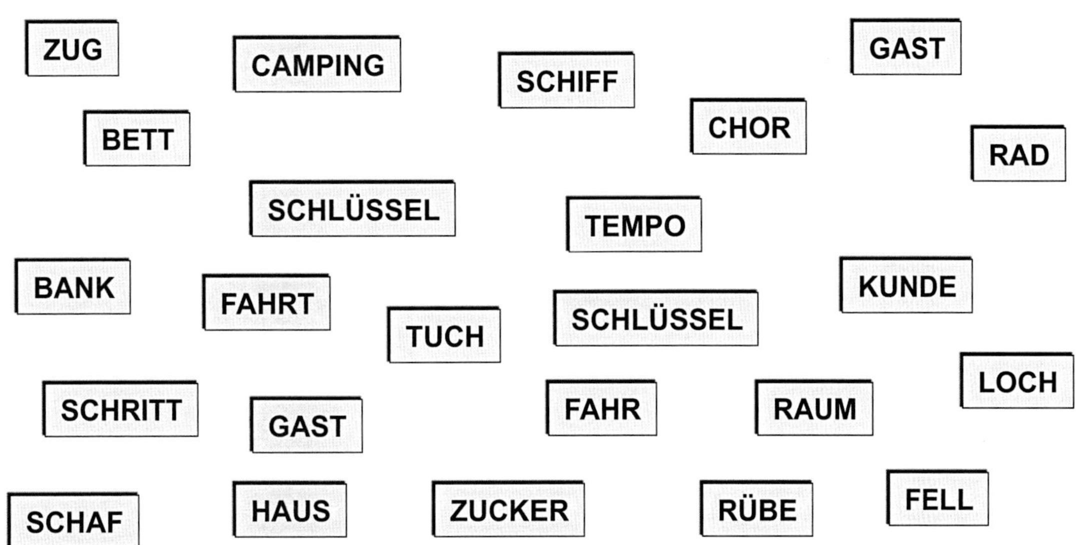

Aufgabe 5: Finde 10 Beispiele für jeweils 3 zusammengesetzte Nomen.

Haus + Mann + Kost = die Hausmannskost

______________________ ______________________

______________________ ______________________

______________________ ______________________

______________________ ______________________

______________________ ______________________

Aufgabe 6: *In welche einzelnen Nomen kannst du diese zusammengesetzten Nomen zerlegen? Markiere.*

Aufgabe 7: *Welches Wort besteht nicht aus zwei Nomen?*

Ruhmeshalle – Autoschlange – Riesenrad – Fahrzeugkolonne – Regenwurm – Rodelbahn – Aktenvernichter – Adventskranz – Gewalteinwirkung – Affenzahn – Regenwald – Körperkraft – Ziegenstall – Riechorgan – Zahnersatz – Nasenlänge – Beckenknochen – Musiknote – Bierbauch – Wangenknochen – Fußsohle – Brückenpfeiler – Umweltschutz – Wandputz – Regenschirm – Regenwald – Sommerregen – Regenschutz – Regenmantel – Regenbogen – Rachenmandel – Mandelkern – Herrenrad – Damenrad – Damenrock – Kinderroller – Riesenrad – Radachse – Hosenträger – Hosengürtel – Gürtelrose – Rosenbeet – Rosenstrauch – Rockmusik

3 Rechtschreibung

Corona-Regeln

Aufgabe 1: *Füge die Satzanfänge und Satzenden zusammen.*

Satzanfänge
In ein Taschentuch
Unbedingt Abstand zu
In die Ellenbeuge niesen, wenn
Einen Mundschutz tragen,
Benutzte Taschentücher sofort
Regelmäßig Hände
Danach sollte man seine
Nicht in die Hand
Nicht ins Gesicht
Man sollte sich zur

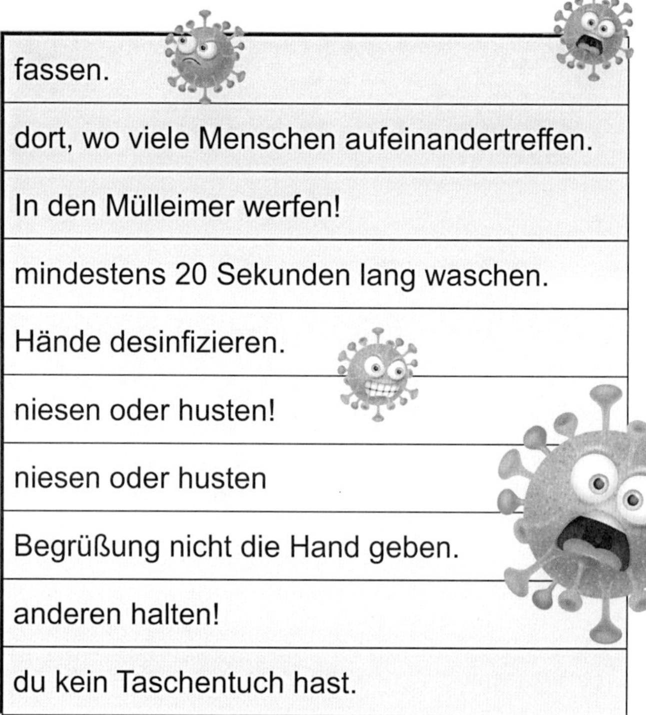

Satzenden
fassen.
dort, wo viele Menschen aufeinandertreffen.
In den Mülleimer werfen!
mindestens 20 Sekunden lang waschen.
Hände desinfizieren.
niesen oder husten!
niesen oder husten
Begrüßung nicht die Hand geben.
anderen halten!
du kein Taschentuch hast.

Aufgabe 2: *Schreibe nun die Sätze aus Aufgabe 1 um, indem Du die Verben substantivierst.*

Beispiel: Das Niesen und Husten in ein Taschentuch ist erforderlich.

3 Rechtschreibung

Langer oder kurzer Vokal/Umlaut?

Aufgabe 1: *Langer oder kurzer Vokal/Umlaut? Setze ein: ß oder ss?*

gi**ß**en (langer Vokal) ↔ m**üss**en (kurzer Vokal)

Ich mu   etwas ausme   en. Ich brauche dazu ein Ma   band.

Ich habe Magenschmerzen. Deshalb sollte ich in Ma   en e   en. Die braune fette So   e zum Rinderbraten la   e ich lieber mal stehen.

Ich gehe nicht gerne in Gro   städte, denn da sind mir zu gro   e Menschenma   en. Die Stra   en sind zu voll.

Die Erdnu   butter ist ein Genu   . Da ist ein Blutergu   am Fu   .

Ich strecke meine Fü   e in den Flu   . Das ist ein Mu   bei diesem hei   en Wetter!

Sü   e Fü   e riechen mä   ig gut. Genü   lich schlürfte er Kaffee mit einem Schu   Sahne.

Aufgabe 2: *Setze ein: ß oder ss?*

grü___en	Gru__
kü___en	Ku__
flie____en	Flu__
gie___en	Tortengu__
zerri____en	Ri__
bei___en	Gebi___
zerrei____en	Rei__verschlu__
abschlie____en	Türschlo__
genie___ en	er geno___

3 Rechtschreibung

-e- oder -ä-?

Aufgabe 1: *Welche Gemeinsamkeit haben die beiden Abbildungen?*

Aufgabe 2: *Wörter mit ä werden von Wörtern mit a abgeleitet.*

Wie heißen die „ä"-Wörter? *(Es kann auch mehrere Möglichkeiten geben.)*

raten – ______________	Grab – ______________	packen – ______________
tragen – ______________	Rad – ______________	Bart – ______________
Tal – ______________	Qual – ______________	Saal – ______________
Pferdestall – ______________	Fußball – ______________	
Garten – ______________	Kraft – ______________	Tat – ______________
scharf – ______________	arg – ______________	nah – ______________
Gefahr – ______________	Stahl – ______________	Maß – ______________
Tag – ______________	Waage – ______________	Wall – ______________

Aufgabe 3: *Setze e oder ä ein.*

a) Der Sargtr__ger muss den Sarg tragen.

b) Ich mag das Obst lieber gesch___lt ohne Schale.

c) Der Hund b__llt den ganzen Tag! Kann man ihn nicht mal mit ein paar B__llen ablenken?

d) Ich weiß nicht, welche Partei meine Mutter w__hlt.

e) Der T__ller kommt in die Spülmaschine. In den T__lern liegt noch kein Schnee.

f) Ich bin gerade müde, faul und tr__ge. Ich st__lle das zweite Zelt erst später auf.

3 Rechtschreibung

-eu- oder -äu-?

Aufgabe 1: *Wörter mit -äu- werden von Wörtern mit -au- abgeleitet. Wie heißen die „äu"-Wörter? (Es kann auch mehrere Möglichkeiten geben.)*

Haut – ____________	rauben – ____________
Braut – ____________	Bauch – ____________
Strauß – ____________	Baum – ____________
Haus – ____________	saufen – ____________
glauben – ____________	Grauen – ____________
Laus – ____________	grau – ____________
Maus – ____________	Traum – ____________
brauchen – ____________	laut – ____________
faul – ____________	Kraut – ____________
Saum – ____________	sauer – ____________
blau – ____________	sauber – ____________
Sau – ____________	

Aufgabe 2: *Setze -eu- oder -äu- ein.*

a) H___te morgen sahen sich die Touristen auf dem Lederbasar das Gerben von Tierh____ten an.

b) Als die Kirchenglocken nach der Doppelhochzeit l____teten, gratulierten die L_____te fr___dig den beiden Br____ten und Br____tigamen mit einer f____chten Sektdusche.

c) Wenn man kleine weiße Eier auf dem Kopf entdeckt, die h____fig an den Haaren kleben, ist das ein recht eind____tiges Zeichen für Kopfl____se.

d) Es ist wirklich ein Vers____mnis, wenn man noch keine Kr___ter im Garten hat! Besonders zwischen B____men und Str____chern wachsen die heimischen Wildkr_____ter. Brunnenkresse wächst oft an Bachl____fen.

e) Ich fr____e mich auf h___te Abend, denn dann nehme ich ein heißes Bad. Ich werde ein paar Badeperlen ins Wasser str____en, damit es so richtig sch____mt.

f) Ich tr____mte Sch____ßliches!

KOHL VERLAG Lückenfüller Deutsch 9 / 10 Aufgaben für flotte Schüler – Bestell-Nr. 12 998

3 Rechtschreibung

Fehlerhäufigkeiten erkennen

Aufgabe 1.1: *Finde die Rechtschreibfehler, die sich in Lillys Diktat eingeschlichen haben. Markiere sie.*

Aufgabe 1.2: *Welche Fehler kommen besonders häufig vor?*

Die Tapper Twins sind ein ganz normales Zwilingspärchen aus New York. Naja, so normal, wie man es mit zwölf Jahren sein kann. Bereits der Buchtitel verrät, dass zwischen Leni und Ben, die in der englischen Originalfasung Claudia und Reese heißen, nicht immer alles so glat läuft. Als Ben dann eines Tages seine Schwester vor der ganzen Schule bloßstellt, was wirklich fies war, sint Leni auf Rache. Ein urkomisches Buch, das wahrscheinlich viele Erwachsene eine Zeitreise unternehmen lasen wird, die sich in ihre Jugend mit den Geschwistern zurückversetzen lassen. Welche Möglichkeiten der subtilen Rache hätten sich einem damals ofenbart, wenn man die Möglichkeiten gehabt hätte. An diesem Buch werden alle Leser Spaß haben. Es ist wie eine Kronik geschrieben, bei der man die Ereignisse nahezu strukturiert nachempfinden kann, als wäre man dabei gewesen. Mit verschiedenen Interviews und Screenshots von SMS oder Computerbildschirmen kann man sich gut in die einzelnen Karaktere hineinfühlen. Da das Buch eigentlich von Leni geschrieben wurde, aber auch Ben seinen Standpunkt darlegen darf, kann man sich manchmal nicht entscheiden, für wen man nun Partei ergreifen sollte. Tol auch, dass das Thema Cybermobing auf zwei Arten gekont dargestellt wird und sich die Schüler*innen, in deren heutiger Lebenswirklichkeit das Buch ja spielt, sehr gut hineinfühlen können. So kann man urteilen, ohne zu verurteilen, und eigene Verhaltensweisen reflektieren. Das Buch von Geoff Rodkey erschließt die Themen Cybermobbing und Rache intensiv, aber ohne den mahnenden Zeigefinger zu sehr zu erheben. Der neuartige Stil dieser Kronik zieht die Leser sicher so in ihren Ban, dass sie das Buch kaum mehr aus der Hand legen wolen.

Fehlerhäufigkeiten erkennen

Aufgabe 2.1: *Finde die Rechtschreibfehler, die sich in Tobias´ Diktat eingeschlichen haben. Markiere sie.*

Aufgabe 2.2: *Welche Fehlerhäufigkeit kannst du bei Tobias feststellen?*

Die Tapper Twins sind ein ganz normales zwillingspärchen aus New York. Naja, so normal, wie man es mit zwölf Jahren sein kann. Bereits der buchtitel verrät, dass zwischen Leni und Ben, die in der englischen Originalfassung Claudia und Reese heißen, nicht immer alles so glatt läuft. Als Ben dann eines Tages seine Schwester vor der ganzen Schule bloßstellt, was wirklich fies war, sinnt Leni auf Rache. Ein urkomisches buch, das wahrscheinlich viele Erwachsene eine zeitreise unternehmen lassen wird, die sich in ihre Jugend mit den geschwistern zurückversetzen lassen. Welche Möglichkeiten der subtilen rache hätten sich einem damals offenbart, wenn man die Möglichkeiten gehabt hätte. Ein Buch, an dem alle Leser Spaß haben werden. Es ist wie eine chronik geschrieben, bei der man die Ereignisse nahezu strukturiert nachempfinden kann, als wäre man dabei gewesen. Mit verschiedenen Interviews und Screenshots von SMS oder Computerbildschirmen kann man sich gut in die einzelnen charaktere hineinfühlen. Da das Buch eigentlich von Leni geschrieben wurde, aber auch Ben seinen standpunkt darlegen darf, kann man sich manchmal nicht entscheiden, für wen man nun Partei ergreifen sollte. Toll auch, dass das Thema Cybermobbing auf zwei Arten gekonnt dargestellt wird und sich die Schüler*innen, in deren heutiger Lebenswirklichkeit das Buch ja spielt, sehr gut hineinfühlen können. So kann man urteilen, ohne zu verurteilen, und eigene Verhaltensweisen reflektieren. Das Buch von Geoff Rodkey erschließt die Themen cybermobbing und Rache intensiv, aber ohne den mahnenden zeigefinger zu sehr zu erheben. Der neuartige Stil dieser chronik zieht die Leser sicher so in ihren bann, dass sie das Buch kaum mehr aus der Hand legen wollen.

3 Rechtschreibung

Fehlerhäufigkeiten erkennen

Aufgabe 3.1: *Finde die Rechtschreibfehler, die sich in Samis Diktat eingeschlichen haben. Markiere sie.*

Aufgabe 3.2: *Welche Fehlerhäufigkeit kannst du bei Sami feststellen?*

Die Tapper Twins sind ein ganz normales Zwillingsperchen aus New York. Naja, so normal, wie man es mit zwölf Jahren sein kann. Bereits der Buchtitel verret, dass zwischen Leni und Ben, die in der englischen Originalfassung Claudia und Reese heißen, nicht immer alles so glatt läuft. Als Ben dann eines Tages seine Schwester vor der ganzen Schule bloßställt, was wirklich fies war, sinnt Leni auf Rache. Ein urkomisches Buch, das wahrscheinlich viele Erwachsene eine Zeitreise unternehmen lassen wird, die sich in ihre Jugend mit den Geschwistern zurückversetzen lassen. Welche Möglichkeiten der subtilen Rache hetten sich einem damals offenbart, wenn man die Möglichkeiten gehabt hette. Ein Buch, an dem alle Leser Spaß haben werden. Es ist wie eine Chronik geschrieben, bei der man die Ereignisse nahezu strukturiert nachämpfinden kann, als wäre man dabei gewesen. Mit verschiedenen Interviews und Screenshots von SMS oder Computerbildschirmen kann man sich gut in die einzelnen Charaktäre hinein fühlen. Da das Buch eigentlich von Leni geschrieben wurde, aber auch Ben seinen Standpunkt darlegen darf, kann man sich manchmal nicht entscheiden, für wen man nun Partei ergreifen sollte. Toll auch, dass das Thema Cybermobbing auf zwei Arten gekonnt dargestellt wird und sich die Schüler*innen, in deren heutiger Lebenswirklichkeit das Buch ja spielt, sehr gut hineinfühlen können. So kann man urteilen, ohne zu verurteilen und eigene Verhaltensweisen räflektieren. Das Buch von Geoff Rodkey erschließt die Themen Cybermobbing und Rache intensiv, aber ohne den mahnenden Zeigefinger zu sähr zu erheben. Der neuartige Stil dieser Chronik zieht die Leser sicher so in ihren, dass sie das Buch kaum mähr aus der Hand legen wollen.

3 Rechtschreibung

Witze I

Aufgabe 1: *Lies die Witze. Unterstreiche die wörtliche Rede, nachdem du alle Satz- und Redezeichen eingesetzt hast.*

a) Ein Holzwurm kommt vom Sägewerk nach Hause und berichtet seinem Freund Du heute ist eine Holzladung aus Indien gekommen Wollen wir heute Abend indisch essen gehen

b) Der Augenarzt untersucht den Patienten Verdutzt schaut er diesen an und fragt Wie haben Sie überhaupt hergefunden

c) Sie reden ja komisch sagt die neue Nachbarin zu Herrn Peschke Ja ich weiß Das liegt an der korrekt verwendeten Grammatik und den ganzen Sätzen Das überfordert viele Leute

d) Die Lehrerin zur Klasse 9a im Grammatikunterricht Wenn ich sage ich bin schön welche Zeit ist das dann Da muss Marvin nicht lange überlegen und ruft Vergangenheit

e) Der Deutschlehrer erklärt der Klasse die Konjugation Ich gehe du gehst er geht wir gehen ihr geht sie gehen. Dann fragt er die Schüler Wer kann mir sagen was das bedeutet Alex meldet sich und meint Na ja das heißt im Klartext Alle sind weg

Witze II

Aufgabe 2: *Lies die Witze. Unterstreiche die wörtliche Rede, nachdem du alle Satz- und Redezeichen eingesetzt hast.*

f) Alle Tiere warten in einer langen Schlange vor Noahs Arche Auf einmal kommt der lange Zug zum Stehen Verwundert fordert der Frosch die Giraffe auf Schau doch ein mal nach was da los ist Die Giraffe reckt ihren langen Hals und seufzt ungehalten Oh Mann Das kann ja vielleicht lange dauern Der Tausendfüßer zieht gerade seine Hausschuhe an

g) Mutter schimpft mit ihrer Tochter bei Tisch Emma was meinst du wohl was mit kleinen Mädchen geschieht die bei keiner Mahlzeit aufessen Die Reaktion macht Mama sprachlos denn die Kleine gibt ihrer Mama kontra Die bleiben schlank Mami werden Mannequin und verdienen eine ganze Menge Kohle

h) Als sich bei einem Holzfällerwettbewerb in Alaska auch ein kleiner und schmächtiger Mann zum Wettfällen anmeldet machen sich die anderen langen und kräftigen Männer über ihn lustig Das Lachen vergeht ihnen aber bald ganz schnell als er mit wenigen Schlägen die größten Bäume umlegt Halli hallo nicht schlecht staunen die anderen Wo hast Du denn das gelernt In der Sahara gibt der Kleine zur Antwort Aber dort gibt es doch gar keine Bäume verhöhnt ihn ein Wettkämpfer Ja jetzt nicht mehr lässt ihn der Schlagfertige sprachlos stehen

Witze III

Aufgabe 3: *Schreibe den Witz in richtiger Groß- und Kleinschreibung auf und ergänze die Zeichensetzung. Achte auf die Satzanfänge und die wörtliche Rede.*

ein malerlehrling soll die markierungen auf der autobahn erneuern am ersten tag schafft er mehr als zwei kilometer am zweiten tag nur noch 500 meter am dritten sogar nur noch 200 meter da fragt der chef warum schaffst du nicht mehr so viele kilometer wie am anfang darauf antwortet der lehrling naja der weg zum farbeimer ist inzwischen echt weit

HA HA HA

Witze IV

Aufgabe 4: *Entziffere den Text. Schreibe den Witz in richtiger Groß- und Kleinschreibung auf und ergänze die Zeichensetzung. Achte auf Satzanfänge und die wörtliche Rede.*

Witze V

Aufgabe 5: *Schreibe den Witz in richtiger Groß- und Kleinschreibung auf und ergänze die Zeichensetzung. Achte auf Nebensätze, Adjektive und wörtliche Rede.*

ZWEIZAHNSTOCHERMACHENSICH-
AUFZUMWANDERNALSSIEIMWALD
ANGEKOMMENSINDSEHENSIEEINENI-
GELDIEWANDERNDENZAHNSTOCHER
SINDERSTAUNTDASAGTDEREINEZU-
MANDERENVÖLLIGVERDUTZTICH
WUSSTEGARNICHTDASSHIEREINBUS-
ABFÄHRTDERIGELSCHAUTSIEVERWUN-
DERTAUSGROßENAUGENAN

Witze VI

Aufgabe 6: *Schreibe den Witz in richtiger Groß- und Kleinschreibung auf und ergänze die Zeichensetzung. Achte auf Satzanfänge, Nebensätze, Adjektive und die wörtliche Rede.*

herrneuchelbewohnteinegeräumigewohn-
ungimfünftenstockeinesmehrfamilienhause-
salserimblumenkastenaufseinembalkoneine-
schneckeentdecktistervölligausdemhäus-
chenundschmeißtsieangeekeltvombalkon
hinunteraufdiestraßewosieunsanftaufkommt-
nachzweijahrenklingelesanseinertüralserah-
nungslosöffnetstehtdieschneckevorihmund-
sagtwassolltedieaktioneben

Witze VII

Aufgabe 7: *Entziffere den Text, indem du ihn von hinten nach vorne bzw. von unten rechts nach oben links liest. Schreibe dann den Witz in richtiger Groß- und Kleinschreibung auf und ergänze die Zeichensetzung. Achte auf Nebensätze, Höflichkeitsanrede, Eigennamen, Adjektive und die wörtliche Rede.*

nichts spende ich aber leid mir tut stimme
fester mit paulina feststeckende gletscherspalte der in die antwortet da kreuzes roten
deutschen des bergwacht die spricht hier
hören mich sie können hallo ruft megafon
das über rettungshubschrauber einem aus
es bis aus kälte der in stunden zwei harrt sie
gletscherspalte eine in frau junge die stürzt
plötzlich natur die genießt sie alpen den in
wandert paulina

Lückenfüller Deutsch 9 / 10
Aufgaben für flotte Schüler – Bestell-Nr. 12 998
KOHL VERLAG

Alphabetische Ordnung/Alphabet/Wörterdetektiv

Alphabetische Ordnung I

Aufgabe 1: *Kreuze an. Welches Wort kommt – alphabetisch gesehen – an erster Stelle?*

☐ Mundharmonika	☐ munter	☐ Muster	☐ Muskel
☐ Hundegebell	☐ Handball	☐ hastig	☐ Hammer
☐ Tyrann	☐ Teetasse	☐ Tuch	☐ Team
☐ Rockmusik	☐ Rockstar	☐ Rockkonzert	☐ Rockerbraut
☐ Netzwerk	☐ Kinokarte	☐ Kinoleinwand	☐ Netflix
☐ Autotür	☐ Automatik	☐ Autokrat	☐ Autonomie
☐ Umweltbehörde	☐ Umweltschützer	☐ Umweltbeauftragter	☐ Umweltschutz
☐ Assistenz	☐ Assistent	☐ assistieren	☐ Assel

Aa Hh Pp Vv Ww Cc Dd Oo Kk Yy

Aufgabe 2: *Kreuze an. Welches Wort kommt – alphabetisch gesehen – an zweiter Stelle?*

☐ Giraffenhals	☐ Gipfelkreuz	☐ Gipskopf	☐ Girls-Power
☐ herbei	☐ Herbst	☐ hervor	☐ Herbergseltern
☐ Heute-Show	☐ Heulsuse	☐ Hexenjagd	☐ Heuschreckenplage
☐ Heftumschlag	☐ heftiger	☐ Heidelbeerstrauch	☐ Heidekraut
☐ Kniebandage	☐ Kniebeuge	☐ Kniescheibe	☐ Knebel
☐ knurren	☐ Knallbonbon	☐ knackig	☐ Knappe
☐ Lotterieschein	☐ Lotsenmütze	☐ Löwenschrei	☐ Löwenzahnblüte
☐ Peitschenknall	☐ Pedalo	☐ Pegelstand	☐ Pechvogel

Bb Ii Xx Rr Ss Ee Qq Ll Zz Gg

4 Alphabetische Ordnung/Alphabet/Wörterdetektiv

Alphabetische Ordnung II

Aufgabe 1: *Kreuze an. Welches Wort kommt – alphabetisch gesehen – an dritter Stelle?*

☐ Arbeitsam	☐ Autofahrt	☐ Attest	☐ Astloch
☐ Kulturbeutel	☐ Klappstuhl	☐ Kusshand	☐ Kunststücke
☐ Handball	☐ Halstuch	☐ Handschuh	☐ Hemdknopf
☐ Sturz	☐ Schadstoffe	☐ Schürzenjäger	☐ Schall
☐ Teerdecke	☐ Teebeutel	☐ Tegernsee	☐ Testmappe
☐ Bastelkarte	☐ Blutdruckmesser	☐ Balltreter	☐ Blätter
☐ Meerestiere	☐ Mehrheitspartei	☐ Mehltau	☐ Merkfähigkeit
☐ Gebäudeteil	☐ Gebirgspass	☐ Geländewagen	☐ Gelee

Aa Hh Dd Oo Vv Pp Kk Ww Yy Cc

Aufgabe 2: *Kreuze an. Welches Wort kommt – alphabetisch gesehen – an vierter Stelle?*

☐ Pendel	☐ Pelztier	☐ Pensionsinhaber	☐ perfekt
☐ Parcours	☐ Parfüm	☐ Parasiten	☐ Parkschein
☐ Ratenzahlung	☐ Ratschlag	☐ Rasselbande	☐ Rassehund
☐ quengeln	☐ Querverbindung	☐ Quellensuche	☐ quetschen
☐ Schlammlawine	☐ Schlagzeile	☐ Schlagzeug	☐ Schlagersänger
☐ Scheuklappen	☐ Scheunenboden	☐ Scheusal	☐ Scheuermittel
☐ Vergiftung	☐ vergesslich	☐ vergangen	☐ Vergissmeinnicht
☐ Zyste	☐ zwitschern	☐ Zylinderkopf	☐ Zyklus

Bb Ee Ii Qq Xx Rr Ll Zz Ss Gg

Alphabetische Ordnung III

Aufgabe 1: *Schreibe die vier Wörter jeweils in alphabetischer Ordnung auf.*

Aa Hh Dd Vv Oo Pp Kk Ww Yy Cc

☐ Vorteil	☐ Vorbild	☐ Vertrag	☐ Vorurteil
☐ Anteilnahme	☐ Aufnahmeleiter	☐ Anstrengung	☐ Ausfahrt
☐ Denkmalpfleger	☐ Malermeister	☐ Mahnung	☐ Merkzettel
☐ Eckensteher	☐ Erbinnen	☐ Empfangshalle	☐ Fußballtrainer
☐ Staubsauger	☐ Dauerlauf	☐ Datteln	☐ Trinkwasser
☐ Fährtensucher	☐ Fahrschule	☐ Fahrlehrer	☐ Fahrradständer
☐ Volkslauf	☐ Vollerwerb	☐ Volkszählung	☐ Vordergrund
☐ Behälter	☐ Bauleiter	☐ Basketballspieler	☐ Ballpumpe
☐ Bratpfanne	☐ Bratensoße	☐ Brotzeit	☐ Brotkrümel
☐ Zugabteil	☐ Zugfahrt	☐ Zugführer	☐ Zauneidechse

Bb Ee Ii Qq Xx Rr Ll Zz Ss Gg

Alphabetische Ordnung/Alphabet/Wörterdetektiv

A wie Alphabet

Aufgabe 1: *Finde das Wort mit dem angegebenen Anfangsbuchstaben.*

A	Urvogel	Archaeopterix
B	Lettland, Litauen, Estland	
C	Möglichkeit	
D	Volksherrschaft	
E	Kontinent	
F	hohe Körpertemperatur	
G	Blumenart im Kasten	
H	Flugzeugunterstellplatz	
I	Bebilderung	
J	Religion	
K	schmeichelhafte Äußerung	
L	Stimm-, Sprech-, Sprach- und Schlucktherapie	
M	Gerät	
N	Monat	
O	Gegnerschaft	
P	zwei	
Q	Vierteljahr	
R	Knorpelfisch im Meer	
S	schlangenförmiger Weg	
T	Maschine zur Energieerzeugung	
U	Monster	
V	Rauminhalt	
W	kein Sonntag	
X	Jungenname	
y	schnelles, elegantes (Segel)schiff	
Z	Grenze zwischen 2 Gärten	

Lückenfüller Deutsch 9 / 10
Aufgaben für flotte Schüler – Bestell-Nr. 12 998
KOHL VERLAG

Wörterdetektiv

Aufgabe 1: *Suche ein Wort in einem anderen Wort.*

Suche

- den Teil eines Baumes in einer Kastanie
- ein Möbelstück in einer Artischocke
- ein Tier in einem Sechseck
- ein Organ in einem Kleber
- einen Paradiesgarten in einer Redensart
- eine Gemeinschaft in einem Gehege
- ein Leckerli in der Geisterbahn
- ein Pronomen in der Feuerwehr
- eine deutsche Hafenstadt in fremden Federn
- nach Vorfahren in einer Fahnenstange
- eine Großmutter in Prominenten
- ein Musikwerk in einer Kooperation
- Schlaferlebnisse in Chaträumen
- eine Präposition im Geschichtsunterricht
- ein Klettertier im Schlaraffenland
- einen alten Vorfahren in Europa
- eine Blume in einem Matrosen
- einen Baum in einem Zylinder
- einen Gegenstand in einer Bedingung
- einen Baum in der Hamburger Speicherstadt

Fremdwörter – Schlagzeilen zur Politik

Aufgabe 1: *Unterstreiche alle Fremdwörter.*

Klitschko: Genozid in der Ukraine

Infrastruktur wird zerstört

Scharfe Grenze für das Engagement der NATO

Aggressive russische Politik ist harte Realität

Unionsfraktionschef Merz zu den Investitionen für die Bundeswehr

Es geht nicht ohne Boykott von russischem Öl

Ambition Putins ein russisches Imperium aufzubauen

US-Präsident Biden attackiert russische Politik der Expansion

Russlands Präsident Putin ist der Aggressor

Weitere Sanktionen geplant

Propaganda ist gefährlich

Probleme mit der Logistik und der Versorgung

Aufgabe 2: *Ordne die Fremdwörter den richtigen Synonymen zu.*

Genozid	1	Investitionen	8	Angreifer		Zusammenhalt	
Infrastruktur	2	Ambition	9	Ausdehnung		Wege, Netze, Gebäude	
Realität	3	Imperium	10	Ehrgeiz, Machthunger		sozial, wohltätig	
Engagement	4	humanitär	11	Stimmungs-mache, Werbung		Kosten	
Aggressor	5	Solidarität	12	Massenmord, Ausrottung	1	Einsatz	
Propaganda	6	Expansion	13	Bestrafung, Druckmittel		Machtbereich	
Boykott	7	Sanktionen	14	Wirklichkeit		Ächtung, Nicht-Teilnahme	

Lückenfüller Deutsch 9 / 10
Aufgaben für flotte Schüler – Bestell-Nr. 12 998
KOHL VERLAG

Fremdwörter

Fremdwörter – Sportliche Schlagzeilen

Aufgabe 1: *Lies die Schlagzeilen. Unterstreiche alle Fremdwörter.*

Profidebüt mit 17 Jahren!

Winterupdate nicht gelungen.
Abwärtstendenz verstärkt sich.

Paris vermasselt Bayern-Damen die Premiere

Hochkarätige Ausfälle im Mittelfeld

Weigls zweite Chance nach
Debüt vor sechs Jahren

Projektteam gegründet, um ganzheitliches Konzept
für den Mountainbike-Sport umzusetzen

Julian Weigl im Fokus der
Nationalmannschaft

Überraschendes Comeback als
Alternative für Kimmich

Olympionike verabschiedet

Großer Mountainbike-Park schon bald ein
Eldorado für Mountainbiker

Ralf Rangnick derzeit Interimstrainer
bei Manchester United.

Dem Wildwuchs illegaler Trails soll mit dem
offiziellen Park ein Riegel vorgeschoben werden

Trainings-Parcours eröffnet

Aston Martins klassischer Fehlstart und sportliches
Desaster sorgen für Häme und Spott und Kritik

Verein hat Spieler mit
Weltklasse-Potential.

Götze nicht mehr im Stammkader des BVB.

Der Kontrakt des 26-Jährigen
läuft bis zum Sommer.

Erster Transfer in
diesem Jahr.

Duathlon wegen Corona-Situation
kurzfristig abgesagt

Spieler finden ihren Rhythmus nicht.

Aufgabe 2: *Welche Fremdwörter kennst du? Schreibe ihre Bedeutung auf.*

Fremdwörter – Sportliche Schlagzeilen

Aufgabe 3: *Ordne die Fremdwörter von Seite 36 den Synonymen zu.*

Fokus	1	Debüt	7	Konzept	13	Kontrakt	19
Comeback	2	Premiere	8	illegal	14	Interim	20
Alternative	3	Olympionike	9	Trail	15	Stammkader	21
hochkarätig	4	Parcours	10	Duathlon	16	Profidebüt	22
Chance	5	Eldorado	11	Desaster	17	Transfer	23
Potential	6	Update	12	Rhythmus	18	Tendenz	24
Wechsel		Kurs		erstklassig		Einführung als Berufssportler	
Austausch		Weg					
Bestand		Programm		Auftritt		Verbesserung	
Vorrat		Plan		Spiel		Aktualisierung	
Strecke		Vertrag		Mannschaftsaufstellung		Übergang	
Pfad						Zwischenzeit	
Rennstrecke		Brennpunkt		Beginn		Möglichkeit	
Piste		Mittelpunkt				Perspektive	
Sportwettkampf aus 2 Sportarten		unerlaubt		gleichmäßiger Ablauf		Misserfolg	
Neubeginn		Teilnehmer an Olympia		Weg		Paradies, Traumland	

5 Fremdwörter

Fremdwörter im Sportteil der Tageszeitung

Aufgabe 1: *Unterstreiche die Fremdwörter in den Berichten.*

a)

Glücklos für Bayern München

Die Münchner sind natürlich haushoher Favorit gegen den spanischen Club. Ein Sieg scheint vorprogrammiert. Arrogant wollte Trainer Tuchel aber nicht rüberkommen. Eine gute Nachricht hatte der Coach aber auch noch parat: Sané wird wieder dabei sein. Damit wird die Bayern-Qualität nochmal gesteigert. Vor dem Champions-League-Finale liegt der Fokus aber erst einmal auf Union Berlin, die es zu bezwingen gilt.

b)

Umbruch im Nationalteam

Julian Köster ist eines der Gesichter der neuen Generation im Handballnationalteam. Sein erster Auftritt wird für den Handball-Shootingstar zu einem Highlight werden. Eine gewisse Nervosität kann das Talent trotz aller Routine aber nicht leugnen. Für die offensive Abwehr ist seine hohe Qualität ein Gewinn und auch im Angriff ist seine Leistung stabil. Der Trainerstab hat nur Komplimente für den jungen Zuwachs übrig.

Aufgabe 2: *Erkläre die Fremdwörter. Du kannst ein Wörterbuch oder das Internet zur Hilfe nehmen.*

5 Fremdwörter

Fremdwörter in der Berichterstattung

(aus einer Tageszeitung vom 30.07.2022)

Aufgabe 1: *Erkläre die Bedeutung des jeweiligen Satzes mit eigenen Worten.*

In der Revanche im Lokalderby ließ das heimische Team den Rivalen durch seine ausgeklügelte Taktik in der Offensive keine Chance.

Nach der Premiere trafen sich alle Akteure, Casting-Teilnehmer, Stunt-Koordinatoren, Stuntleute und Regisseure zu Shootings und Interviews vor der traditionellen Afterparty.

Aufgabe 2: *Welches Fremdwort gehört zu welcher Bedeutung? Ordne zu.*

A	Debatte
B	Reserven
C	Reduzierung
D	Quartal
E	Rezession
F	Institution
G	Ambition
H	Rivale
I	Potentiale
J	Inflation
K	Demokratie
L	Rekord
M	Export
N	Innovation
O	Crew
P	Kontakte
Q	Offensive
R	Realität
S	Strategie
T	Akteure

1	Geldentwertung
2	Verbindungen
3	Rückgang
4	Warenausfuhr
5	Möglichkeiten
6	Handelnde
7	Mannschaft
8	Höchstleistung
9	Neuerung
10	Auseinandersetzung
11	Angriff
12	Vierteljahr
13	Wirklichkeit
14	Rücklagen
15	Gegner
16	Einrichtung
17	Verringerung
18	Planung
19	Herrschaft des Volkes
20	Ehrgeiz

A	B	C	D	E	F	G	H	I	J	K	L	M	N	O	P	Q	R	S	T
10																			

Lückenfüller Deutsch 9 / 10
Aufgaben für flotte Schüler – Bestell-Nr. 12 998
KOHL VERLAG

Alliterationen

Aufgabe 1: *Erkläre anhand der Schlagzeile den Begriff Alliteration (Stabreim)*

Bayern-Talent Tel erhält trotz Traumtor einen Tadel vom Trainer.

Aufgabe 2: *Vier Sätze mit gleichem Inhalt. Lies sie schnell und dann immer schneller.*

Willi Wiesel will wissen, warum Wally Wein mit Wasser mischt.
Warum mischt Wally Wein mit Wasser, will Willi Wiesel wissen.
Warum, will Willi Wiesel wissen, mischt Wally Wein mit Wasser?
Willi Wiesel will wissen: „Warum mischt Wally Wein mit Wasser?“

Aufgabe 3: *Stelle die Alliterationen um. Gehe wie in Aufgabe 2 vor. Schreibe sie auf.*

a) Wie wenig wissen wir doch vom Werden des weiten Weltalls, wundert sich Walter.

b) Samirs Schwester Susi sammelt Schwarzbeeren und Sauerkirschen, die süß und sauer schmecken.

c) Sommer, Sonne, Sonnenschein sollen Sandras Sommerferien Sinn verleihn.

d) Beide braven Brüder balgten und boxten sich unter den besorgten Blicken beider Elternteile.

e) Auf fröhliches Feiern freuten sich viele frühere Klassenfreunde und -freundinnen vor dem festlich geschmückten Festsaal.

f) Göttergatte Gregor gratulierte gutmütig seiner gütigen Göttergattin Gabi zum gelungenen Geburtstag mit grüner Götterspeise.

g) Vier oder fünf frühere Freunde freuen sich auf friedlich feiern mit vier oder fünf friedlichen Freundinnen.

h) Hundehalter Hans Hirte hat heuer heimlich Haushälterin Helene Hibiskus geheiratet.

i) Zwei Bären brummen, balgen und boxen im Bärenbrunnen in Berlin, bis bei beiden Blut rinnt.

Aktiv und Passiv (Alliterationen)

Aufgabe 1: *Bilde den Passivsatz.*

Aktiv:	Hans und Hilde heirateten heute früh im Hochzeitszimmer des Rathauses.
Passiv:	Heute früh wurde im Hochzeitszimmer geheiratet.

Aktiv: Rudi Ratlos radelte auf richtigen Radwegen durch den Wald.

Passiv: ______________________________.

Aktiv: Der Holz hackende Hubert hackte hundert Ster Holz in nur hundert Tagen.

Passiv: ______________________________.

Aktiv: Friseurin Susi schnitt Sandra auf dem harten Sofa die Haare.

Passiv: ______________________________.

Aktiv: Peter, Paul und Phillip probierten die neuen Ponys vor der Prüfung auf dem Pferdehof aus.

Passiv: ______________________________.

Aufgabe 2: *Bilde das Aktiv.*

Passiv: Der flinke, frische Aal wird vom fleißigen Fischer gefangen.

Aktiv: ______________________________.

Passiv: Der tollpatschige Timo wird von der tauben Tante Tanja im schnellen Sportwagen abgeholt.

Aktiv: ______________________________.

Passiv: Die flinke Fliege wird von dem grünen Grasfrosch am tiefen Teich gejagt.

Aktiv: ______________________________.

Passiv: Die zahnlosen Zebras werden vom zahmen Zoowärter Zacharias gefüttert.

Aktiv: ______________________________.

7 Wortfeld

„sagen/sprechen“ I

Aufgabe 1: *Das richtige Wort in der entsprechenden Situation. Setze ein passendes Verb aus dem Wortfeld „sagen“ ein.*

- ► einen Termin ....
- ► zwei Besucher miteinander ....
- ► nach einem Unfall die Polizei ....
- ► ein spezielles Geheimnis ....
- ► einen Mitschüler nach einer schlechten Note ....
- ► die Aussage eines unglaubwürdigen Zeugen ....
- ► sich mit einem Erfolg ...., für den man aber nichts kann.
- ► Andere mit Schimpfwörtern ....
- ► Mutter ein Fehlverhalten ....
- ► meinen Bruder in einer wichtigen Angelegenheit ....
- ► eine unangenehme Wahrheit ....
- ► einen Dieb wegen seiner Tat ....

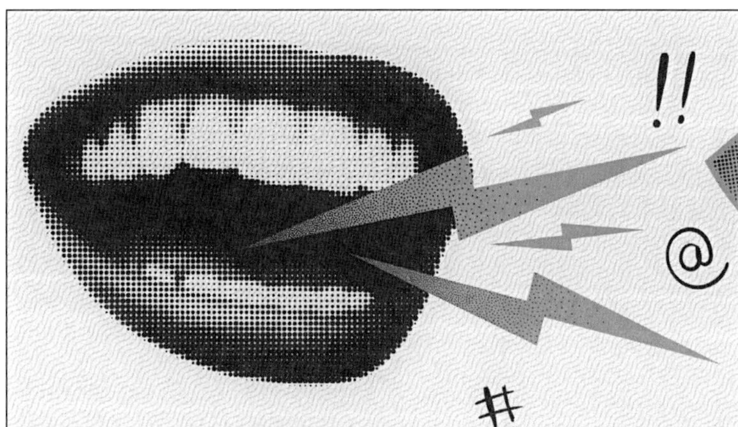

Hilfsleiste, bitte knicken.

brüsten, bekanntmachen, ausplaudern, benachrichtigen, aufmuntern, beleidigen, beichten, beraten, aussprechen, anklagen, anzweifeln, bestätigen.

7 Wortfeld

„sagen/sprechen“ II

Aufgabe 1: *Das richtige Wort in der entsprechenden Situation. Setze ein passendes Verb ein.*

- ► einen Besuch bei Oma ....
- ► Peters gute Leistung ....
- ► den ungünstigen Termin beim Direktor ....
- ► eine Fehlmeldung in der Zeitung ....
- ► viele Erfolge .... können
- ► Demonstranten zu heftigen Protesten ....
- ► die Anschuldigung des Lehrers ....
- ► Lehrer müssen Leistungen ....
- ► Eine Straftat muss man ....
- ► dringend um Verzeihung ....
- ► Ein Gerücht sollte man nicht ....
- ► eine Anschuldigung ....

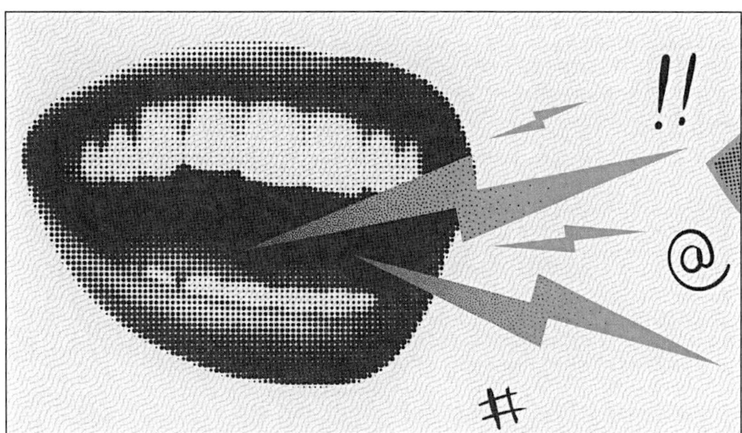

weiterverbreiten, anerkennen, berichtigen, aufwiegeln, beurteilen, absagen, ankündigen, zurückweisen, betteln, abstreiten, aufzählen, anzeigen,

Lückenfüller Deutsch 9 / 10 Aufgaben für flotte Schüler – Bestell-Nr. 12 998
KOHL VERLAG

7 Wortfeld

„sagen/sprechen“ III (Sprech-Suchsel)

Aufgabe 1: *Finde die 30 Verben aus dem Wortfeld sagen/ sprechen.*

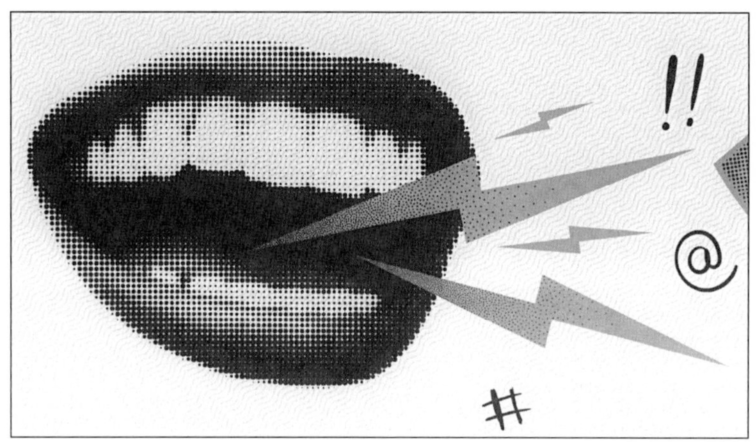

A	E	D	C	V	G	H	V	E	R	T	E	I	D	I	G	E	N	P	O
H	Z	T	A	B	S	A	G	E	N	G	B	H	N	J	T	A	F	D	G
J	U	I	B	E	H	A	U	P	T	E	N	W	S	D	E	N	B	A	H
B	H	B	E	J	A	H	E	N	V	G	A	U	S	S	A	G	E	N	T
Z	U	I	O	A	U	F	R	Ü	T	T	E	L	N	T	F	R	W	K	D
A	N	S	C	H	W	Ä	R	Z	E	N	H	Z	J	A	G	E	U	Ü	S
G	H	J	B	E	S	Ä	N	F	T	I	G	E	N	M	G	I	N	N	V
Q	W	E	E	N	T	G	E	G	N	E	N	R	D	M	E	F	D	D	O
R	A	N	K	L	A	G	E	N	S	P	O	T	T	E	N	E	E	I	R
D	P	A	L	A	V	E	R	N	T	G	F	R	H	L	E	N	R	G	W
B	E	N	A	C	H	R	I	C	H	T	I	G	E	N	H	S	N	E	E
V	E	R	G	L	E	I	C	H	E	N	E	C	R	W	M	Y	E	N	R
E	F	V	E	R	K	Ü	N	D	E	N	I	J	G	I	I	X	D	Z	F
R	R	U	N	T	E	R	W	E	I	S	E	N	Ä	S	G	D	C	B	E
N	B	E	H	A	U	P	T	E	N	L	K	U	N	P	E	G	V	Z	N
E	R	B	I	T	T	E	N	Q	A	S	E	R	Z	E	N	V	G	U	A
I	Z	G	R	C	V	N	M	S	T	O	T	T	E	R	N	H	H	H	S
N	F	T	Z	N	B	E	R	U	H	I	G	E	N	N	D	R	F	C	D
E	R	W	I	D	E	R	N	P	L	J	U	Z	T	G	F	R	D	E	E
N	Ö	T	I	G	E	N	Y	D	C	X	E	V	G	J	Z	B	B	M	R

7 Wortfeld

„sagen/sprechen“ IV (Silbenrätsel)

Aufgabe 1: *Finde die 22 Verben aus dem Wortfeld sagen/ sprechen.*

be	kom	zu	men	fest	stel	tie	ren
grö	schimp	ßern	men	schrei	fen	dern	len
äu	mah	zu	wun	mern	ti	nen	men
be	pro	jam	zwei	stim	feln	ben	gen
an	läs	zei	schwich	er	le	zie	gen
brum	be	tes	strei	tern	tie	ten	ren
aus	be	ve	rich	ri	fi	ten	ren
ab	be	ju	sa	mun	beln	gen	tern

Lückenfüller Deutsch 9 / 10
Aufgaben für flotte Schüler – Bestell-Nr. 12 998
KOHL VERLAG

8 Redensarten

Redensartenquiz

Aufgabe 1: *Was gehört zusammen? Schreibe dann die Redensart auf.*

1	Jemandem einen Bären
2	Öl ins
3	Jemandem auf den Leim
4	Den Ast absägen, auf
5	Du musst endlich Farbe
6	Mit jemandem unter einer
7	Ein Brett vor
8	Haare auf den
9	Die Hand für jemanden
10	Jemanden auf die
11	Der lebt aber auf
12	Die Katze im
13	Einen Dachschaden
14	Den Kopf in den
15	Jemandem Hals- und
16	Jemanden im Regen
17	Die Flinte ins
18	Er muss den Gürtel
19	Da komme ich in
20	Sich in die Höhle des

A	Sand stecken.
B	gehen.
C	großem Fuß.
D	dem Kopf haben.
E	ins Feuer legen.
F	aufbinden.
G	dem man sitzt.
H	Sack kaufen.
I	Feuer gießen.
J	Beinbruch wünschen.
K	bekennen.
L	haben.
M	Zähnen haben.
N	Palme bringen.
O	Decke stecken.
P	enger schnallen.
Q	Löwen wagen.
R	stehen lassen.
S	Korn werfen.
T	Teufels Küche.

1	2	3	4	5	6	7	8	9	10	11	12	13	14	15	16	17	18	19	20

Aufgabe 2: *Wie lautet die Redensart zur Erklärung?*

a) Du musst zeigen, auf welcher Seite du stehst. ______________________

b) Jemandem etwas weißmachen. ______________________

c) Etwas nicht verstehen. ______________________

d) Mit jemandem zusammenarbeiten. ______________________

e) Eine Sache aufgeben. ______________________

f) In große Schwierigkeiten kommen. ______________________

g) Er ist ein unangenehmer Zeitgenosse. ______________________

9 Gedichte-Werkstatt

Herbsttag, Das Schlüsselloch, Herr Winter geh hinter!

Aufgabe 1: *Lies die drei Gedichte. Welches gefällt Dir am besten? Begründe. Lerne es auswendig.*

Herbsttag

Herr: Es ist Zeit. Der Sommer war sehr groß.
Leg deinen Schatten auf die Sonnenuhren,
und auf den Fluren lass die Winde los.

Befiehl den letzten Früchten voll zu sein;
gib ihnen noch zwei südlichere Tage,
dränge sie zur Vollendung hin und jage
die letzte Süße in den schweren Wein.
Wer jetzt kein Haus hat, baut sich keines mehr.

Wer jetzt allein ist, wird es lange bleiben,
wird wachen, lesen, lange Briefe schreiben
und wird in den Alleen hin und her
unruhig wandern, wenn die Blätter treiben.

(Rainer Maria Rilke)

Rainer Maria Rilke (1875 – 1926)

Joachim Ringelnatz (1883 – 1934)

Das Schlüsselloch

Das Schlüsselloch, das im Haupttor saß,
Erlaubte sich nachts einen Spaß.
Es nahten Studenten
Mit Schlüsseln in Händen.
Da dachte das listige Schlüsselloch:
Ich will mich verstecken,
Um sie zu necken!
Worauf es sich wirklich seitwärts verkroch.
Alsbald nun tasteten die Studenten
Suchend,
Fluchend;
Mit Händen
An Wänden.
Und weil sie nichts fanden, zogen sie weiter.
Schlüsselloch lachte heiter.

(Die Herren erreichten ihr Zimmer nimmer.
Eigentlich war die Sache noch schlimmer.
Ich selbst war nämlich bei den Studenten –
Doch lassen wir es dabei bewenden.)

(Joachim Ringelnatz)

Christian Otto Josef Wolfgang Morgenstern (1871 – 1914)

Herr Winter geh hinter!

Herr Winter
geh hinter,
der Frühling kommt bald!
Das Eis ist geschwommen,
die Blümlein sind kommen
und grün wird der Wald.

Herr Winter
geh hinter,
dein Reich ist vorbei.
Die Vögelein alle,
mit jubelndem Schalle,
verkünden den Mai!

(Christian Morgenstern)

Lückenfüller Deutsch 9 / 10
Aufgaben für flotte Schüler – Bestell-Nr. 12 998
KOHL VERLAG

9 Gedichte-Werkstatt

Im Park

Aufgabe 1: *Vor dem Bearbeiten des Gedichtes knicke bitte den unteren Teil nach hinten.*

Aufgabe 2: *Reorganisiere das Gedicht durch Setzen der Reimwörter am Zeilenende.*

Aufgabe 3: *Lies das Gedicht ausdrucksstark vor, aber so, dass das Reh nicht gestört und nicht davonlaufen würde.*

Aufgabe 4: *Schließe die Augen und stelle dir die Szene im Park vor.*

Aufgabe 5: *Welches ist die überraschendste Stelle des Gedichtes? Lies sie entsprechend vor (Achte auf die Betonung).*

Aufgabe 6: *Lerne das Gedicht auswendig und trage es ausdrucksstark vor.*

Im Park

Ein ganz kleines Reh stand am ganz kleinen .....
still und verklärt wie im ....
Das war des Nachts elf Uhr ....
Und dann kam ich um ....
Morgens wieder ....

Und da träumte noch immer das ....
Nun schlich ich mich leise – ich atmete ....–
gegen den Wind an den ....,
und gab dem Reh einen ganz kleinen ....
Und da war es aus ....

- Baum
- kaum
- vier
- vorbei
- Tier
- Baum
- Gips
- Traum
- zwei
- Stips

Hilfsleiste, bitte knicken.

Im Park

Ein ganz kleines Reh stand am ganz kleinen Baum
still und verklärt wie im Traum.
Das war des Nachts elf Uhr zwei.
Und dann kam ich um vier
Morgens wieder vorbei.

Und da träumte noch immer das Tier.
Nun schlich ich mich leise – ich atmete kaum –
gegen den Wind an den Baum,
und gab dem Reh einen ganz kleinen Stips.
Und da war es aus Gips.

(Joachim Ringelnatz)

9 Gedichte-Werkstatt

Freude

Freude

Freude soll nimmer schweigen.
Freude soll offen sich zeigen.
Freude soll lachen, glänzen und singen.
Freude soll danken ein Leben lang.
Freude soll dir die Seele durchschauern.
Freude soll weiterschwingen.
Freude soll dauern
Ein Leben lang.

(Aus: Hans Bötticher, Gedichte, München-Leipzig 1910)

Aufgabe 7: a) *Was verbindest du mit Freude?*

b) *Wann hast du dich zum letzten Mal gefreut?*

c) *Welche Freude war in den vergangenen 14 Tagen am größten?*

Aufgabe 8: *Wem möchtest du denn in den nächsten Tagen eine Freude machen? Aus welchem Anlass?*

Aufgabe 9: *Über wessen Freude würdest du dich besonders freuen? Wieso?*

Aufgabe 10: *Was denkst du über die Aussage: „Geteilte Freude ist doppelte Freude“?*

Aufgabe 11: *Versuche Ringelnatz‘ Gedanken zu ergänzen und weiterzuspinnen.*

Aufgabe 12: *Schreibe deine Wünsche an eine Person, die dir am Herzen liegt.*

Lückenfüller Deutsch 9 / 10
Aufgaben für flotte Schüler – Bestell-Nr. 12 998
KOHL VERLAG

Zitate

„Ich bin auf Sie angewiesen, aber Sie nicht auf mich! Merken Sie sich das!"
(Karl Valentin)

„Ich habe einen ganz einfachen Geschmack: Ich bin immer mit dem Besten zufrieden."
(Oscar Wilde)

„Gott hat den Menschen erschaffen, weil er vom Affen enttäuscht war. Danach hat er auf weitere Experimente verzichtet."
(Mark Twain)

„Die eigentliche Aufgabe eines Freundes ist, dir beizustehen, wenn du im Unrecht bist. Jedermann ist auf deiner Seite, wenn du im Recht bist."
(Mark Twain)

„Der Vorteil der Klugheit liegt darin, dass man sich dumm stellen kann. Das Gegenteil ist schon schwieriger."
(Kurt Tucholsky)

„Ein Freund ist jemand, der weiß, dass man ihn gerade braucht."
(Oscar Wilde)

„Es wird Wagen geben, die von keinem Tier gezogen werden und mit unglaublicher Gewalt daher fahren."
(Leonardo da Vinci, 1452 - 1519)

„Auch der Dumme hat manchmal einen gescheiten Gedanken. Er merkt es nur nicht."
(Danny Kaye)

„Ich arbeite nach dem Prinzip, dass man niemals etwas selbst tun soll, was ein anderer für einen erledigen kann."
(John D. Rockefeller)

„Freundschaft verdoppelt unsere Freude und halbiert unseren Schmerz."
(Marcus Tullius Cicero)

„Mit dem Wissen wächst der Zweifel."
(Johann Wolfgang von Goethe)

„Auch die besessensten Vegetarier beißen nicht gern ins Gras."
(Joachim Ringelnatz)

„Ein Freund ist einer, der alles von dir weiß, und der dich trotzdem liebt."
(Elbert Hubbard)

„Man ist jung, solange man sich für das Schöne begeistern kann und nicht zulässt, dass es vom Nützlichen erdrückt wird."
(Jean Paul)

Zitate

Aufgabe 1: *Wähle einen der Verfasser aus und recherchiere im Internet. Schreibe eine Kurzzusammenfassung über sein Leben und nenne einige seiner Werke.*

Aufgabe 2: *Erkläre eines der Zitate in deinen eigenen Worten.*

Aufgabe 3: *Schaue dir die Zitate auf Seite 50 genauer an.*

Aufgabe 3.1: *Welches Zitat spricht dich am ehesten an?*

Aufgabe 3.2: *Finde Informationen über den gewählten Autor (Leben, Werke).*

Aufgabe 3.3: *Was meint der Autor/ die Autorin mit seiner Aussage?*

Aufgabe 3.4: *Zitate werden oft auf Grußkarten verwendet. Gestalte eine Grußkarte mit einem passenden Zitat und versehe sie auch mit einem passenden Bild (Zeichnung, Foto, Collage).*

Aufgabe 4: *Hier sind weitere Zitate. Das oder dass? Setze ein.*

„Sein oder nicht sein, da______ ist hier die Frage (William Shakespeare)“

„Wege entstehen dadurch, da______ man sie geht. (Franz Kafka)“

„Freundschaft, da______ ist eine Seele in zwei Körpern. (Aristoteles)“

„Da______ Glück hängt von uns selbst ab. (Aristoteles)“

„Freundschaft ist das schönste Geschenk, da______ die Götter den Menschen verleihen.“ (Seneca)

„Es gibt kaum ein beglückenderes Gefühl, als zu spüren, da______ man für andere Menschen etwas sein kann.“

„Der Sinn des Lebens liegt darin, da______ es aufhört.“

„Der Narr hält sich für weise, aber der Weise weiß, da______ er ein Narr ist.“

Lückenfüller Deutsch 9 / 10 Aufgaben für flotte Schüler – Bestell-Nr. 12 998
KOHL VERLAG

Erlaubt oder nicht? Verhalten beim Einkauf

Vor mir am Obststand im Supermarkt: Herr Meier nimmt sich eine knallrote, große Kirsche aus dem Körbchen, steckt sie in den Mund und verspeist sie genüsslich. Verwunderung bei mir: Darf der das? Was, wenn das jeder macht! Dann wäre der Obststand bald leer, und der Laden ginge leer aus.

Aufgabe 1: *STOPP – Bevor du weiterliest: Wie bewertest du Herrn Meiers Verhalten?*

____

____

____

____

Und was macht Herr Meier dann? Er schnappt sich eine Himbeere aus der Schale vor ihm, hat keine Lust, sie zu kaufen, richtet seinen Blick auf die Erdbeeren daneben und – schwupp – hat er auch die im Mund. Jetzt sehe ich den Marktleiter auf Herrn Meier zugehen, der den Kunden zur Seite nimmt. Ich verstehe nicht, was sie sprechen, aber ich kann es mir schon denken.

Aufgabe 2: *Was denkst du, hat der Marktleiter zu sagen? Sprich mit einem Partner darüber. Stellt das Gespräch von Herrn Meier und dem Marktleiter nach.*

Natürlich gibt es auch für das Einkaufen Regeln, die es zu beachten gilt, die aber nicht jeder Kunde verfolgt. Was hat es jetzt mit Naschen, Testen von Cremes, Gels oder Deodorants und geöffneten Packungen im Laden auf sich? Natürlich möchte man sich vor einem Kauf gerne der Qualität des Produkts versichern. Teilweise ist es schon möglich, Verpackungen vorsichtig zu öffnen – wenn sie dabei keinen Schaden nehmen –, und am Inhalt zu riechen.

Cremes auf der Hand verteilen und Deo zu versprühen ist auf keinen Fall erlaubt! Dadurch wird das Produkt angebrochen oder verbraucht und mindert den auf der Verpackung angegebenen Inhalt. Das Produkt kann also nicht mehr mit der angegebenen Menge verkauft werden.

Aufgabe 3: *Ist ein Strafbestand gegeben, und wenn ja, welcher?*

____

____

____

____

11 Texte erschließen

Erlaubt oder nicht? Verhaltesregeln im Supermarkt

Aufgabe 4: *Lies den folgenden Regelkatalog und entscheide anschließend, ob erlaubt oder nicht erlaubt.*

- Käufer, denke daran: Auch eine verspeiste Beere oder Traube muss eigentlich bezahlt werden.
- Verboten ist: Cremes auf der Hand zu verteilen und Deo zu versprühen. Das mindert die angegebene Menge.
- Probieren und Naschen von Trauben, Cocktailtomaten, Beeren oder anderen Obst- und Gemüsesorten ist nicht erlaubt.
- Waren nicht in die eigene Tasche stecken.
- Zeitschriften und Bücher nur kurz in die Hand nehmen.
- Flaschen, Beutel, Verpackungen nicht öffnen.
- Offene Lebensmittel (z. B. Backwaren) nicht mit der Hand anfassen. Zangen oder Handschuhe benutzen.
- Beschädigt man Produkte, sind diese zu bezahlen.
- Kauf nur von handelsüblichen Mengen
- Hamsterkäufe sind untersagt.

STOP

	erlaubt	nicht erlaubt
Herr Meier lädt den Einkaufswagen mit 15 Paketen Klopapier voll.		
Sergej will zwei Kartons mit insgesamt 24 Flaschen Olivenöl kaufen.		
Frau Ködel öffnet zwei Cremedöschen (Tiegel), verteilt jeweils eine Fingerkuppe Creme auf dem Handrücken und riecht dran.		
Richard steckt vier Brötchen in eine Tüte, nachdem er sich einen Plastikhandschuh angezogen hat.		
Emma entnimmt dem Regal eine Fußballzeitschrift und reißt das angeheftete Tütchen auf, um zu sehen welche Spielerfotos darin sind.		
Rosi reißt eine Chipstüte auf, um den Salzgehalt zu prüfen und legt sie dann in ihren Einkaufskorb.		
Tobi fotografiert zwei Zeitschriftentitelblätter, kauft die Produkte aber nicht.		

Aufgabe 5: *Überlege Dir mit einem/r Partner/in weitere Szenarien und entscheidet, ob sie erlaubtes oder nicht erlaubtes Verhalten beim Einkaufen beschreiben.*

Lückenfüller Deutsch 9 / 10
Aufgaben für flotte Schüler – Bestell-Nr. 12 998

11 Texte erschließen

Mobbing (Einführung)

Aufgabe 1: *Was verbindest du mit dem Begriff MOBBING? Erstelle ein großformatiges Cluster im Rahmen eines Brainstormings wie in den Beispielen.*

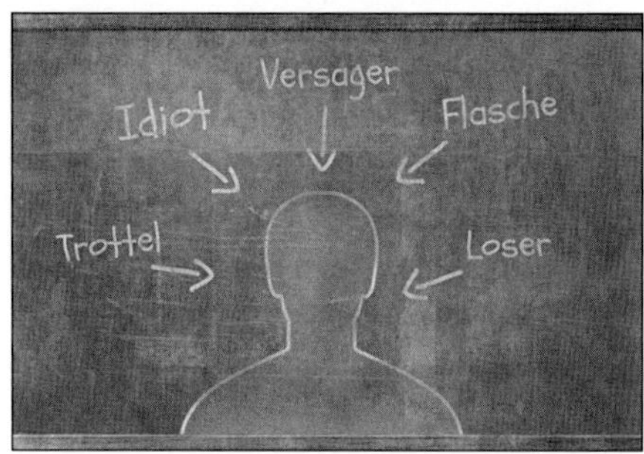

ständige DEMÜTIGUNGEN
PSYCHOTERROR
in den SELBSTMORD treiben
Schimpfen und BELEIDIGEN
SCHIKANIEREN
DROHUNG mit Gewalt
AUSGRENZEN

Aufgabe 2: *Die untere Abbildung zeigt vier Formen des Mobbings auf. Ordne sie zu und erkläre sie.*

Beziehungsmobbing • körperliches Mobbing • verbales Mobbing • Cybermobbing

Mobbing (Einen Bericht schreiben)

Aufgabe 3: *Wähle einige Bilder aus und beschreibe die jeweilige Situation. Kennst du jemanden, der so etwas oder Ähnliches schon erlebt hat? Schreibe einen kleinen Bericht für die Schülerzeitung.*

Wähle aus:

Aufgabe 3.1: *einen Bericht zu dem konkreten Vorfall auf deinem gewählten Foto*

Aufgabe 3.2: *einen allgemeinen Bericht über Mobbing*

a)

b)

c)

d)

e)
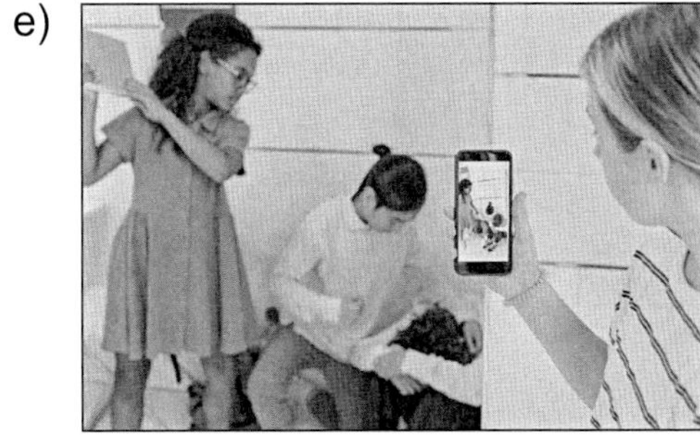

f)

Aufgabe 4: *Was könntest du als Unbeteiligter tun, wenn du Zeuge einer solchen Szene wirst? Beschreibe mehrere Lösungsmöglichkeiten.*

Lückenfüller Deutsch 9 / 10
Aufgaben für flotte Schüler – Bestell-Nr. 12 998
KOHL VERLAG

Cybermobbing

Unzählige Menschen haben die verschiedenen Arten von Mobbing in der Vergangenheit schon erlebt, beobachtet oder auch selbst erfahren. Mobbing bedeutet, Menschen werden beleidigt, bloßgestellt, bedroht, belästigt, schlecht gemacht, schikaniert oder verleumdet.

Schüler erleben dies oft auf dem Pausenhof oder auf dem Schulweg. Eine neue Dimension hat das Problem durch neue Kommunikationsmedien wie Smartphones, E-Mails, Websites, Foren, Chats und Communities angenommen. Facebook, Youtube, Instagram und andere soziale Medien sind die Plattformen hierzu. Cybermobbing – auch *Cyberbullying* genannt – ermöglicht es den Tätern oder *Aggressoren*, in der Anonymität grenzüberschreitende Gemeinheiten und Hasskommentare zu verbreiten, die im Netz von jedem gelesen werden können. Eingestellte Fotos und Videos, die das Opfer zeigen, verschlimmern die Situation noch. Oft hängen sich Trittbrettfahrer an die Aktion und die Attacken verfolgen die Betroffenen bis in ihr eigentlich geschütztes Heim. Zudem macht das Internet die Angriffe einer breiten Öffentlichkeit zugänglich.

Die Straftäter zu ermitteln ist meist sehr schwer und auch das Löschen der Angriffe ist kein Allheilmittel. Denn das Internet vergisst nichts, da die Plattformbetreiber auch nach Löschen der Posts den vollen Zugriff behalten.

Eine Studie (JIM-Studie 2016 - *https://www.mpfs.de/studien*) liefert folgende Zahlen: Acht von einhundert jugendlichen Internetnutzern zwischen 12 und 19 Jahren sind selbst schon einmal Opfer von Cybermobbing geworden.

Jeder fünfte Jugendliche beklagt, dass über ihn schon einmal falsche oder beleidigende Behauptungen per Handy oder im Internet verbreitet wurden. 34 Prozent der Befragten, also jeder Dritte, hat jemanden im Bekanntenkreis, der durch Cybermobbing fertiggemacht wurde.

Um dem gravierenden Problem entgegenzutreten, wurde von Betroffenen das *Bündnis gegen Cybermobbing* gegründet. Das Netzwerk aus engagierten Eltern, Pädagogen, Juristen, Medizinern, Forschern und anderen Engagierten will gegen Cybermobbing und Gewalt im Netz vorgehen und die Bevölkerung aufklären, weil die Problematik immer noch viel zu wenig Aufmerksamkeit bekommt. Zudem sollen möglichst viele Lehrkräfte angesprochen werden, um das Thema in den Unterricht aufzunehmen. Da die Folgen von Cybermobbing für die Opfer und deren Angehörige oft verheerend sind, ist es umso wichtiger, frühzeitig auf die Risiken und Gefahren beim Umgang mit den neuen Medien hinzuweisen. Habt ihr das Problem schon einmal im Unterricht thematisiert?

Nützliche Informationen erhältst du auf der Homepage des Bundeministeriums für Familie, Senioren, Frauen und Jugend unter *https://www.bmfsfj.de/bmfsfj/themen/kinder-und-jugend/medienkompetenz/was-ist-cybermobbing--86484*.

Aufgabe: *Gehe auf obige Homepage und informiere dich weiter. Mache Notizen und schreibe eine Zusammenfassung.*

11 Texte erschließen

Cybermobbing – Mach dein Handy nicht zur Waffe

„Mach dein Handy nicht zur Waffe!“ ist eine gemeinsame Kampagne des bayerischen Kultusministeriums und Justizministeriums mit dem Top-Influencer Falco Punch. In einem Video zeigt der Influencer auf seinem Handy, wie schnell man sich strafbar machen kann. Damit möchte er erreichen, dass Jugendliche sich und andere schützen können.

Foto: https://www.machdeinhandynichtzurwaffe.de/

Mehr Infos und das Video auf: *https://www.machdeinhandynichtzurwaffe.de*

Viele Betroffene halten die Aggressionen und Verletzungen über das Netz nicht aus und zeigen Reaktionen, die für sie nicht gut sind. 61 Prozent der Opfer fühlen sich verletzt, 53 Prozent reagieren mit Wut. Besonders alarmierend ist, dass jeder Fünfte aus Verzweiflung schon zu Suchtmitteln wie Alkohol oder Tabletten gegriffen hat. Doch es kommt noch schlimmer: Fast jeder vierte Betroffene wollte seinem Leben deshalb schon einmal ein Ende setzen! Die Corona-Pandemie hat diese Situation noch weiter verschärft, denn durch die Isolation der Menschen haben sie das Internet noch intensiver genutzt. Das führte zum weiteren Anstieg der Probleme. Das Thema ist ernst. Cybermobbing kann uns alle treffen. Wir müssen ein Bewusstsein schaffen, dass hier Grenzen übertreten, andere Menschen verletzt werden und ganz schnell eine Straftat entstehen kann.

Aufgabe 1: *Wozu ruft die obige Abbildung auf?*

Aufgabe 2: *Erkläre den Satz im Text von Seite 50 „Cybermobbing ermöglicht es …, in der Anonymität grenzüberschreitende Gemeinheiten und Hasskommentare zu verbreiten“.*

Aufgabe 3: *Erkläre den Satz im Text von Seite 56 „Oft hängen sich Trittbrettfahrer an die Aktion.“*

Aufgabe 4: *Auf den Seiten 56 und 57 lernst du zwei Kampagnen kennen. Informiere dich auf deren Homepages über die Problematik. Mache dir Notizen und stelle die wichtigsten Erkenntnisse in einem Kurzreferat vor. Erstelle ein Plakat mit einem Cluster für die Klassenwand. Dies könnt ihr auch in Partner- oder Gruppenarbeit tun.*

Lückenfüller Deutsch 9 / 10 – Bestell-Nr. 12 998
Aufgaben für flotte Schüler
KOHL VERLAG

Cybermobbing – Eine gemeine Zeiterscheinung

Aufgabe 1: *Beschreibe die Situation auf den Bildern.*

Aufgabe 2: *Was könnte vorgefallen sein? Wie fühlen sich die Opfer? Schreibe die Gedanken und Gefühle zu jedem Opfer auf.*

Feuerspuckendes Ungeheuer auf dem Stadtplatz

Er spuckt, er spuckt Feuer, er ist ein Drache, kein Dinosaurier. Feuer spucken ist gefährlich, aber niemand hat Angst vor dem Ungetüm. Es ist ja kein lebendiger Drache, der ungezähmt auf die Menschenmenge losgehen kann. Und die Feuerlanze ist ferngesteuert. Das Ding ist nämlich ein Schreitroboter. Der weltweit größte Schreitroboter ist für viele Spezialeffekte ausgerüstet, weshalb er auch im Guinness-Buch der Rekorde verewigt wurde. In einer eingezäunten Fläche breitet er seine Flügel mit einer Spannweite von 12,3 Metern aus. Eine Attraktion ist er schon, der Drache, den man eigens aus Furth im Wald nach Amberg zum Oberpfalztag gebracht hat. Mit seinen 15,50 Metern Länge, einer Breite von 3,80 Meter und einer Höhe von 4,50 Meter bringt er ein Gewicht von 11 Tonnen auf die Waage. Tausende Besucher bestaunen und bewundern das Wappentier der Stadt Furth im Bayerischen Wald, nahe der tschechischen Grenze. Dort ist er Mittelpunkt eines mittelalterlichen Spektakels, das jedes Jahr aufgeführt wird: Der Further Drachenstich ist ein Erlebnis für Jung und Alt, das mit jeder Aufführung begeistert. Das älteste deutsche Volksschauspiel versetzt uns zurück ins Jahr 1431, in dem ein großer Krieg droht, der den bereits verbannten, unter der Erde wartenden Drachen ins Leben zurückholen könnte.

Informiere dich über die Stadt und das Schauspiel im Internet.
(z. B. *https://www.drachenstich.de/index.php/homepage/das-festspiel*).

Aufgabe 1: *Was erfährst du über die Stadt Furth im Wald?*

Aufgabe 2: *Was erfährst du über die Entstehungsgeschichte des Drachenstichs?*

Aufgabe 3: *Was weißt du jetzt über den Drachen?*

Aufgabe 4: *Erzähle die Geschichte mit deinen eigenen Worten einem Partner.*

Lückenfüller Deutsch 9 / 10
Aufgaben für flotte Schüler – Bestell-Nr. 12 998
KOHL VERLAG

Ricky hat es geschafft!

Ricky war etliche Jahre spielsüchtig. Schlimm wurde es für ihn, als er sich auch an Geldspielautomaten wagte. Der Kitzel wurde erst recht stärker, nachdem er einige Male kleine Gewinne gemacht hatte. Immer öfter wollte er das Erfolgserlebnis haben, aber es wollte sich nicht mehr einstellen. Auf Biegen und Brechen versuchte er sich zu beweisen, was für ein toller Typ er wäre und dass er es immer wieder schaffen würde, Gewinne einzufahren. Doch es gelang ihm nicht mehr. Langsam - oder eigentlich schnell - wurde sein Geld knapp. Er lieh sich Geld bei seinen Freunden, die bald nicht mehr seine Freunde waren, weil sie ihm nichts mehr gaben. Zurückzahlen konnte er ja nichts, denn er konnte einfach kein Geld mehr gewinnen. Die Schulden stiegen an. Sein Gehalt war schon nach ein paar Tagen futsch. Von seiner Bank bekam er schon lange keinen Kleinkredit mehr. Und so kam es wie es kommen musste: Ricky kam auf die schiefe Bahn, was bedeutete, dass er sozial abrutschte. Es ging mit ihm abwärts. Er wurde sogar zum Dieb. In seinem Betrieb griff er öfters in die Kasse, bis er dabei erwischt wurde. Seine Entlassung war die logische Konsequenz. Nachdem er auch seine Mutter und seine Verwandtschaft beklaut hatte, verlor er auch noch seine Unterkunft und landete auf der Straße. Er wurde zum Obdachlosen, schlief im Park, in Garageneinfahrten oder zwischen Mülltonnen, in denen er sich etwas zu Essen suchte. Zudem bettelte er an Straßenecken, um sich wenigstens einigermaßen über Wasser halten zu können.

Von Glücksspielsucht Betroffene können hier Hilfe finden:

(Deutschland) www.check-dein-spiel.de oder 0800 1372700 (kostenlos und anonym);

(Österreich) www.bmf.gv.at;

(Schweiz) www.sos-spielsucht.ch.

Als er sich seiner Lage so richtig bewusst wurde, raffte er sich auf und suchte sich professionelle Hilfe. Zum Glück gibt es Organisationen, die sich solcher Notfälle annehmen. Dort half man ihm: Er konnte in einem Wohnheim unterkommen und konnte seine Spielsucht in einer Therapie besiegen.

Aber es dauerte schon lange Zeit, bis er wieder ins „normale Leben" zurückfand, eine Arbeitsstelle erhielt und in eine eigene Wohnung ziehen konnte. Heute kümmert sich Ricky in seiner Freizeit selbst um Obdachlose, Spiel- und Alkoholsüchtige. Er weiß, wie sie drauf sind und was sie brauchen.

1. Warum wollte Ricky immer öfter spielen?
2. Wieso wurde Ricky straffällig?
3. Wie sah sein Leben auf dem Tiefpunkt aus?
4. Wie konnte Ricky seine Lage ändern?
5. Wieso ist Ricky jetzt sogar ein Helfer für andere Betroffene?
6. Wie trittst du einem Freund entgegen, von dem du weißt, dass er in die Sucht abgleitet?
7. Entwirf einen hilfreichen Aufruf gegen jede Art von Sucht.

11 Texte erschließen

Tagebucheintrag

Ein Corona-Tag im März, Montag, 23.03.2020

Dritter Tag der Quarantäne

8 Uhr: strahlend blauer Himmel

„Gott erhalte uns die Farben unseres Bayern, weiß und blau“, trifft zu gutes Gefühl

und im Unsichtbaren lauert das Unheil

ungutes Gefühl, saukalt

Polizei löste gestern Gartenparty auf: ganz schön doof die Leute oder einfach nur blöd

Fußball auf dem Bolzplatz

Party in der Grünanlage

vor allem junge Leute verstießen in Neumarkt gegen die Ausgangsbeschränkung

Zahl der bestätigten Corona-Fälle hat sich im Landkreis Neumarkt bis Montag auf 35 erhöht

zwei tote Senioren in Kümmersbruck

neue Hashtags auf dem TV-Bildschirm:

#daheim bleiben

#wir helfen einander

#zuhause

trotzdem Spaziergang alleine in saukaltem Wind, muss sein

auch die Güterzüge bleiben zuhause: nur einer in 60 Minuten

kein Flugzeug am Himmel

aber Ganoven an der Haustür als Mitarbeiter des Gesundheitsamtes

Merkel das erste Mal negativ getestet, Gott sei Dank

Im Fernsehen lief „Die Quara[…]ne-WG“ bei RTL mit Jauch, Got[…]alk, Pocher und Laura Karasek

danach noch „Wer wird M[…]onär?“ geschaut

Aufgabe 1: *Wie beschreibst du die Situation und Stimmung an diesem Tag?*

Aufgabe 2: *Welche Aufgabe haben die Hashtags verschiedener Fernsehsender auf dem Bildschirm?*

Aufgabe 3: *Erfinde zwei weitere Hashtags zur Situation.*

Aufgabe 4: *Schreibe einen kurzen Zeitungsbericht, beziehe dich dabei auf einige Punkte des Tagebucheintrags.*

Aufgabe 5: *Wie ist die Situation heute, welches Gefühl hast du in Bezug auf die Pandemie?*

Gib Corona keine Chance! **AHA** Regel beachten!

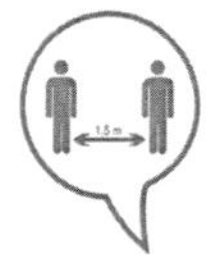

Lückenfüller Deutsch 9 / 10
Aufgaben für flotte Schüler – Bestell-Nr. 12 998
KOHL VERLAG

Ich mag dich!

Aufgabe 1: Schreibe eine Sympathiebekundung oder Liebeserklärung.

Aufgabe 2: Verfasse einen Text an jemanden, den/die du magst, sehr gern hast oder den/die du liebst. Das können z. B. ein paar nette Zeilen zum Valentinstag, zum Geburtstag etc. sein oder einfach mal so zwischendurch. Über ein paar nette Worte und Komplimente freut sich jeder.

Denke dabei an treffende Adjektive, die den Charakter etc. der Person genauestens beschreiben. Du kannst auch Beispiele von Situationen, in denen diese Person für dich ganz wichtig war/ist, gemeinsame Unternehmungen oder sonstige Dinge, die diese Person einzigartig für dich machen, nennen. Dies liest sie bestimmt gerne.

Die Aufgabe wird dir zeigen, wie sorgfältig du dabei deine Worte wählst.

Du wirst merken, wie du anfängst, Worte und Sätze bewusst zu verwenden und dabei über die tiefe Bedeutung jedes Satzes nachdenkst. Das ist das Ziel der Übung.

Sattelzug durchbricht Autobahn-Mittelleitplanke

<u>Aufgabe 1</u>: *Bevor du den Bericht liest, überlege dir selbst einen kurzen Zeitungsbericht zur Überschrift.*

Bei einem Unfall auf der A3 ist am Mittwochvormittag bei Aschaffenburg ein 55-Jähriger aus Köln schwer verletzt worden.

Ein auf der Autobahn liegendes Fahrzeugteil war schuld daran, dass der Fahrer eines Sattelzuges die Kontrolle über seinen Lkw verlor, nach links ausscherte und die Mittelleitplanke durchbrach.

Nach den bisherigen Ermittlungen war es wohl ein Lkw-Rad auf der Fahrbahn, welches dazu führte, dass der 24-jährige Fahrer eines Sattelzuges gegen 05:55 Uhr zwischen den Anschlussstellen Aschaffenburg-Ost und Aschaffenburg-West die Kontrolle über sein Fahrzeug verlor. Der Lastwagen donnerte über den Mittelstreifen zwischen den Fahrbahnen und kollidierte mit einem entgegen kommenden SUV. Der 55-jährige Fahrer aus Köln erlitt durch den Zusammenstoß so schwere Verletzungen, dass er mit dem Rettungshubschrauber ins Krankenhaus gebracht werden musste. Die A3 war für mehrere Stunden gesperrt, was zu erheblichen Verkehrsbehinderungen führte.

Im Zuge weiterer Ermittlungen wurde auf einem Rastplatz ein Lkw sichergestellt, an dem ein Rad fehlte. Der Fahrer wurde von der Polizei vorläufig festgenommen. Offensichtlich hatte der 44-Jährige vor dem Parkplatz ein komplettes Rad verloren und löste dem Sachstand nach damit das Unglück aus. Ein nachfolgender Lkw konnte gerade noch ausweichen, der 24-jährige Fahrer des Sattelzuges aber hatte nicht so viel Glück und kollidierte mit dem Rad, das er hinter dem vorausfahrenden LKW nicht sehen konnte. Den genauen Unfallhergang rekonstruiert nun, in Zusammenarbeit mit der Verkehrspolizeiinspektion, ein Sachverständiger an der Unfallstelle. Nun stellt sich die Frage, wie konnte sich das Rad des Transporters lösen.

An der Unfallstelle befanden sich mehrere Streifen der Autobahnpolizei, mehrere Rettungswagen und Notärzte sowie die regionalen Feuerwehren und die Autobahnmeisterei.

Umgetextet nach: Quelle https://www.main-echo.de/regional/blaulicht/toedlicher-unfall-auf-a3-bei-aschaffenburg-art-5163117

<u>Aufgabe 2</u>: *Welche Personen werden in dem Bericht erwähnt?*

<u>Aufgabe 3</u>: *Wen trifft die Schuld am Unfall?*

<u>Aufgabe 4</u>: *Was war Pech für den Fahrer des Unfall-Sattelzuges?*

<u>Aufgabe 5</u>: *Versetze dich in die Lage des Lkw-Fahrers, der das Rad verloren hatte, und berichte aus dessen Sicht einem Polizeibeamten.*

<u>Aufgabe 6</u>: *Versetze dich in die Lage des verunfallten LKW-Fahrers und berichte aus dessen Sicht einem Polizeibeamten.*

<u>Aufgabe 7</u>: *Nun bist du einer der Unfallzeugen. Schildere den Unfallhergang aus deiner Perspektive.*

Lückenfüller Deutsch 9 / 10
Aufgaben für flotte Schüler – Bestell-Nr. 12 998
KOHL VERLAG

11 Texte erschließen

London – Immer eine Reise wert!

Aufgabe 1: Gestalte eine Seite für eine Reisebroschüre. Die Auswahl der folgenden Angaben (an wikipedia angelehnt) wird dir helfen.

Du kannst auch mit einem/r Partner/in arbeiten. Hängt eure Ergebnisse aus und/ oder veröffentlicht sie in der Schülerzeitung.

> London, die Metropole an der Themse in Südostengland, die man gesehen haben muss / immer wieder eine Reise wert / immer Neues/ London, Hauptstadt des Vereinigten Königreichs und des Landesteils England / insgesamt 33 Stadtbezirke / im Jahr 2019 rund 8,96 Millionen Einwohner / gegründet 50 n. Chr. von den Römern / normannische Eroberung 1066 / im Mittelalter bedeutender Handelsplatz in Europa
>
> Eines der bedeutendsten Kultur- und Handelszentren / zahlreiche Universitäten, Hochschulen, Theater und Museen / einer der größten Finanzplätze der Welt / historische Gebäude wie der Palace of Westminster oder Tower of London zählen unter anderen zum UNESCO-Weltkulturerbe / jährlich über 19 Millionen Touristen
>
> Seit der Jahrtausendwende Bauboom im Bereich der Wolkenkratzer:
> The Shard / 310 Meter / höchstes Gebäude Großbritanniens / rund dreißig weitere Wolkenkratzer / attraktive Skyline
>
> Sehenswürdigkeiten: London Eye, Buckingham Palace, Westminster Abbey, Tower of London, Tower Bridge, u. v. m.

Aufgabe 2: Weitere Informationen und Bilder kannst du im Internet recherchieren.

Aufgabe 3: Verfasse eine Postkarte aus London an deine Liebsten zuhause und berichte knapp von deinen Erlebnissen.

11 Texte erschließen

Eine beeindruckende Frau

Dian Fossey ist eine der eindrucksvollsten Frauen des 20. Jahrhunderts. Sie war eine US-amerikanische Zoologin, die über 20 Jahre lang das Verhalten der vom Aussterben bedrohten Berggorillas erforschte. Fossey war fasziniert von den freilebenden Tieren im Hochland von Ruanda, wo sie ihre Forschungsstation hatte und quasi mit ihnen zusammenlebte. Mit ihrem Einsatz machte sie sich jedoch nicht bei allen beliebt. Wilderern war sie ein Dorn im Auge, denn diese verfolgten die Silberrücken und ihre Familien. Sie töteten die Gorillas, um sie anschließend als Trophäen zu verkaufen. Fossey folgte den faszinierenden Tieren durch das unwegsame Gelände des Virunga-Nationalparks – durch regennasse Wälder, Schluchten und über Berghänge – um mit ihnen Kontakt aufzunehmen. Dabei hatte sie Erfolg und die scheuen Tiere gewöhnten sich an sie. So konnte sie mitten unter ihnen leben. Es gelang ihr als erste Verhaltensforscherin, die Familien- und Sozialstrukturen der Berggorillas zu studieren. Die Kontakte zu den imposanten Tieren wurden immer intensiver. Sie fertigte eine Kartei mit den verschiedenen charakteristischen Nasenzeichnungen an, an denen sie die Tiere auseinanderhalten und deren Charakter erkennen konnte. Einigen Tieren gab sie einen Namen. So berichtete Fossey eindrucksvoll von Onkel Bert, Digit, Peanuts und anderen. Diese wurden 1988 mit der Veröffentlichung des Films „Gorillas im Nebel“ über Fosseys Leben einem breiten Publikum bekannt.

Dian Fosseys fast 20jährige Studie lieferte der Öffentlichkeit viele neue Erkenntnisse und Informationen über das Leben der respekteinflößenden und faszinierenden Tiere im Hochland Ruandas.

Im Dezember 1985 wurde sie erschlagen in ihrem Häuschen aufgefunden. Die Umstände ihres gewaltsamen Todes sind bis heute nicht aufgeklärt. Dian Fossey gehört zusammen mit Jane Goodall und Birutė Baldikas zu den großen Biologinnen, die für die Primatenforschung Überragendes leisteten.

Aufgabe 1: *Lokalisiere Fosseys Forschungsgebiet auf einer Afrikakarte. Beschreibe das Gebiet mit Namen.*

Aufgabe 2: *Beschreibe Dian Fosseys Arbeit.*

Aufgabe 3: *Was kannst du sonst noch über das Leben der Biologin (im Internet oder in Büchern) finden?*

Aufgabe 4: *Was denkst du über deren Arbeit bzw. deren Engagement?*

Lückenfüller Deutsch 9 / 10
Aufgaben für flotte Schüler – Bestell-Nr. 12 998
KOHL VERLAG

Frauen ins All!?

Suzanna Randall

Insa Thiele-Eich

Wie so oft im Berufsleben, ist auch der Frauenanteil in der Raumfahrt sehr gering. Nur 65 Frauen von etwa 560 Menschen waren bisher im All. Männliche Astronauten waren es bisher zwölf, während der Frauenanteil dagegen gleich null ist. Doch bereits 1963 umkreiste die Russin Walentina Tereschkowa als erste Frau die Erdumlaufbahn. In Deutschland gibt es durchaus einige Interessentinnen, die der Italienerin Samantha Cristoforetti nacheifern möchten. Die 1977 geborene Italienerin war als erste europäische Frau für den Einsatz auf der ISS ausgewählt worden. Die ehemalige Kampfpilotin wurde 2009 als einzige Frau mit sechs weiteren männlichen Astronauten ins Europäische Astronautenkorps berufen. Von November 2014 bis Juni 2015 war sie dann an Bord.

In ihrer Heimat Italien wird „Astrosamantha", sehr bewundert. In Schulen und Universitäten berichtet sie oft über ihre Erfahrungen und über das Geheimnis ihres Erfolgs. Sie nennt dabei drei Dinge, die unentbehrlich sind: Talent, harte, zielstrebige Arbeit und schließlich eine große Portion Glück. Auch die Astronauten-Kandidatinnen Suzanna Randall und Insa Thiele-Eich wünschen sich, die Erde einmal als faszinierendes Ganzes von oben sehen zu können. Insa Thiele-Eich musste nach ihrer Auswahl feststellen, „wie wenig gleichberechtigt unsere Gesellschaft in vielen Bereichen tatsächlich noch ist". Bereits seit mehreren Jahren befinden sich die beiden Kandidatinnen in der überaus anspruchsvollen Raumfahrtausbildung, Diese findet unter anderem auch unter der Erde statt. Der Hauptzweck in der Höhle „besteht darin, ihre Kommunikations-, Entscheidungs-, Problemlösungs-, Führungs- und Teamfähigkeiten durch Teamaktivitäten und eine echte Crew-Mission zu fördern und wissenschaftliche Ergebnisse an die Erdoberfläche zu bringen".

Die deutsche private Initiative „Die Astronautin" ist eine Stiftung. Mit ihrer Unterstützung soll die erste deutsche Astronautin ins Weltall entsandt werden. Frauen können neue wissenschaftliche Erkenntnisse zur Reaktion des weiblichen Körpers im All liefern. Solche Ergebnisse liegen bislang nur über den männlichen Körper vor. Dabei unterscheiden sich die Organismen beider Geschlechter enorm. Dieser Frage möchte die Raumfahrtingenieurin Claudia Kessler, die die Initiative 2016 gründete, auf den Grund gehen. Ihre Ziele sind es, „Frauen und Mädchen Mut zu machen, ihre Träume zu verfolgen." und neue wichtige Erkenntnisse in der Frauenmedizin liefern zu können.

<u>Aufgabe 1</u>: Versetze dich in die Lage einer Astronautin vor dem ersten Start zur ISS. Was fasziniert sie? Worauf freut sie sich? Mit welcher Absicht fliegt sie im All?

<u>Aufgabe 2</u>: Informiere dich im Internet über den gegenwärtigen Stand der Entwicklung. Hat eine der beiden Frauen die Chance, mit ins All zu fliegen?

<u>Aufgabe 3</u>: Wenn du die Chance hättest, an der Astronautenausbildung teilzunehmen, würdest du es tun? Begründe. Welche positiven Aspekte in der Ausbildung siehst du? Welche Ängste schwingen mit?

Schmetterlings-Schlüpfung

New message

To Jochen.mustermann@butterfly.net

Subject Schmetterlinge

Hallo Jochen,

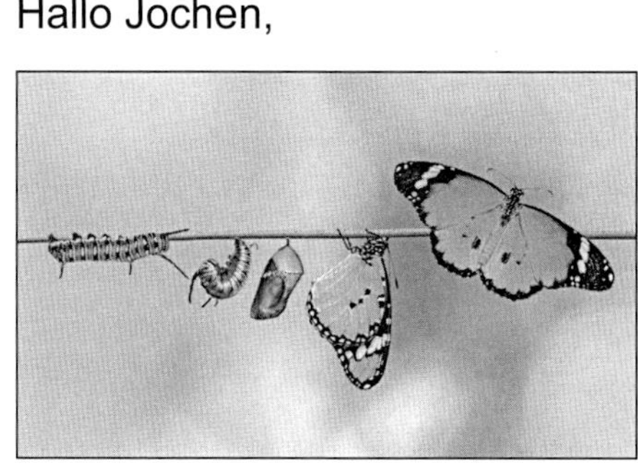

heute habe ich mich wieder einmal sehr gefreut, weil mir es gelungen ist, einen Schmetterling zum Schlüpfen zu bringen. Es handelt sich um einen Weinschwärmer, dessen Raupe ich letztes Jahr gefunden habe. Damit sich die Raupe verpuppen kann, habe ich einen Blumentopf mit Erde hergerichtet und ihn in meinem Anbau auf den Dachboden gestellt. Das ist nun das Ergebnis – er ist heute geschlüpft. Direkt nach der Schlüpfung bleibt er sehr treu auf dem Finger sitzen – natürlich aus Dankbarkeit. Dann hat der Weinschwärmer nochmals Blut in seine Flügel gepumpt und ist ein paar Minuten später abgeschwirrt.

Ich hatte ja schon in meiner Jugendzeit Schmetterlinge gesammelt und präpariert. Die habe ich nach über 50 Jahren immer noch und schaue sie gerne an. Vor allem für die Kinder ist es sehr interessant zu erfahren, welche Schmetterlingsarten es gibt bzw. gegeben hat.

Von den Tagfaltern fehlen mir nur noch wenige Exemplare, die ich allerdings wegen des Tierschutzes nicht mehr jagen werde. Wenn ich früher Raupen gefunden hatte, habe ich sie in einem von mir angefertigten Raupenkasten weiter gefüttert, bis sie sich verpuppen konnten. Von so einem Raupengespinst mit rund 100 Raupen habe ich dann nur zwei oder drei geschlüpfte Schmetterlinge präpariert und den Rest freigelassen. Das war auch ein schönes Erlebnis – vor allem, weil es dann doch etliche Schmetterlinge im Garten gab.

Als 1996 die Landesgartenschau in Amberg stattfand, gab es ein Schmetterlingshaus mit exotischen Exemplaren. Nachdem ja die Schmetterlinge in der Regel nur etwa 14 Tage leben, bekam ich die verendeten Schmetterlinge, soweit sie noch schön waren. Dabei war auch u.a. der Morphofalter (ein im Licht blau schimmernder Schmetterling) und der größte Nachtfalter der Erde – der Atlasspinner. Diese nun in meiner Sammlung zu haben, macht mich schon ein wenig stolz …

Gruß

Herbert

SEND

Lückenfüller Deutsch 9 / 10
Aufgaben für flotte Schüler – Bestell-Nr. 12 998
KOHL VERLAG

Schmetterlings-Schlüpfung

Beantworte die Fragen zum Text.

1. Welche drei Lebensstadien des Schmetterlings werden genannt?
2. Welche Methode hat Herbert angewendet, um das Schlüpfen zu ermöglichen?
3. Warum präpariert Herbert heute keine Schmetterlinge mehr?
4. Was würdest du einem Schmetterlingsjäger wegen seines Hobbys sagen und ans Herz legen?
5. Was glaubst du, was Schmetterlingssammler wohl an den Tieren fasziniert?
6. Welche drei Schmetterlingsarten werden im Text genannt?
7. Wähle einen der genannten Schmetterlinge aus. Recherchiere im Internet und erstelle eine Stichpunktesammlung.

Um 600.000 Euro betrogen

Man mag es einfach nicht glauben: Obwohl die Vorfälle in allen Medien immer wieder thematisiert werden und ständig davor gewarnt wird, ist es wieder passiert: Trickdiebe dirigierten eine ältere Dame aus Stein bei Nürnberg in die Kreisstadt Neumarkt und kassierten insgesamt rund 600.000 Euro von ihr ab.

Vor dem Neumarkter Amtsgericht übergab sie eine riesige Summe des Geldes an einen angeblichen Gerichtsdiener. Obwohl ein ähnlicher Fall vor einigen Tagen in der Presse die Runde gemacht hatte, schöpfte die Seniorin keinen Verdacht. Damals wurde eine 64-jährige Frau aus dem südlichen Landkreis um 51.000 Euro betrogen.

Auch dieses Mal schwindelten die Betrüger der Frau aus Stein in einem sogenannten. Schockanruf vor, dass ihr Sohn in Neumarkt einen tödlichen Verkehrsunfall verursacht habe, bei dem eine 17-Jährige gestorben wäre. Mehrere Bandenmitglieder gaben sich dabei als angebliche Polizisten oder Staatsanwälte aus, während sie mit der Frau telefonischen Kontakt hielten. Dabei zerstreuten sie jegliche Bedenken der Geschädigten.

In Neumarkt übergab sie ihnen dann 65.000 Euro. Damit aber nicht genug!
Die Verbrecher nahmen auch danach immer wieder Kontakt zu der Frau auf und sprachen von Folgeschäden, für die sie weiter Geld forderten – zur Wiedergutmachung und als Schmerzensgeld. Am Schluss war sie nach einer Irrfahrt durch Nordbayern insgesamt 600.000 Euro los.

Als am nächsten Tag der versprochene Anruf des „Amtsgerichts“ ausblieb, nahm die Geschädigte Kontakt zu ihrem 25-jährigen Sohn auf, der ihr mitteilte, dass es ihm gut gehe und er nie einen Unfall gehabt hätte. Erst jetzt ging ihr ein Licht auf. Natürlich fragte sie sich jetzt, wieso sie so gehandelt hatte. Der Beamte der ermittelnden „echten“ Kriminalpolizei erklärte der Frau, sie sei nach der Mitteilung über den Unfall in einem Schockzustand gewesen. Die Täter hätten ihr keinen Anlass zum Zweifeln gegeben; denn sie hätten äußerst seriös gewirkt und akzentfreies Deutsch gesprochen.

Vor lauter Angst um ihren Sohn tat die Geschädigte alles, was ihr aufgetragen wurde.

Und: Wie sich herausstellte, waren die Täter Profis, die schon viele ältere Menschen abgezockt hatten.

Also: Augen auf, Ohren auf, und das Gehirn einschalten!

Lückenfüller Deutsch 9 / 10
Aufgaben für flotte Schüler – Bestell-Nr. 12 998

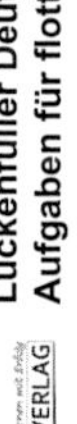

Texte erschließen

Um 600.000 Euro betrogen

Aufgabe 1: Versetze dich in die Lage der Betrogenen und erzähle die Geschichte aus ihrer Perspektive (Ich-Form) in eigenen Worten.

Aufgabe 2: Wieso konnten die Anrufer die ältere Dame in so eine Zwangslage bringen?

Aufgabe 3: Nimm die Rolle des echten Polizisten ein und erkläre der Frau, wieso die Gauner mit ihrer Masche immer wieder Erfolg haben.

Aufgabe 4: Entwirf einen Aufruf (z. B. in der Zeitung), in der die Polizei vor der Betrugsmasche warnt.

Aufgabe 5: Versetze dich in die Lage des Polizisten, der die Sachlage folgender Situation aufnehmen muss. Oder nimm die Position eines Zeitungsredakteurs ein, der über den Vorfall berichten muss. Schreibe also einen Bericht, der folgende Stichpunkte beinhalten soll:

> 67-jährige Frau, Betrüger: „Verwandter tödlicher Verkehrsunfall in Südafrika; Erbin eines Millionenvermögens“, Geld fällig, um Erbe anzutreten, mehr als 100.000 Euro, mehrere Überweisungen ins Ausland, Gebühren, Erbe kam nicht an, Anzeige erstattet

12 Nachdenken

Was ist Glück?

Aufgabe 1: Was bedeutet Glück für dich? Ist Glück vielleicht ein inneres Gefühl oder hängt Glück mit Geld und materiellen Dingen zusammen? Fülle das Glücksrad mit deinen Wünschen.

Aufgabe 2: Was wünschst du anderen, z. B. einem Freund oder einem Familienmitglied? Gibt es Unterschiede zwischen deiner eigenen Vorstellung von Glück und den Wünschen an andere?

Aufgabe 3: Beschreibe die 3 Arten von Glück: Zufallsglück, Glücksgefühl, Erfolg.

Aufgabe 4: **a)** Was ist das Bruttonationalglück im südasiatischen Bhutan?

b) Was denkst du darüber? Recherchiere im Internet und schreibe eine kurze Zusammenfassung.

Lückenfüller Deutsch 9 / 10
Aufgaben für flotte Schüler – Bestell-Nr. 12 998
KOHL VERLAG

12 Nachdenken

Situationen

Menschen kommunizieren miteinander, sie planen, erörtern etwas, sprechen sich ab, schimpfen, mahnen, beschließen, machen etwas aus.

Aufgabe 1: Welche Sprechsituationen erkennst du in den folgenden Abbildungen? Finde im Brainstorming Begriffe, die den einzelnen Situationen gerecht werden.

Aufgabe 2: Wähle zwei Situationen aus und schreibe jeweils ein kurzes Gespräch auf. Stelle es in der Klasse vor.

a)

b)

c)

d)

e)

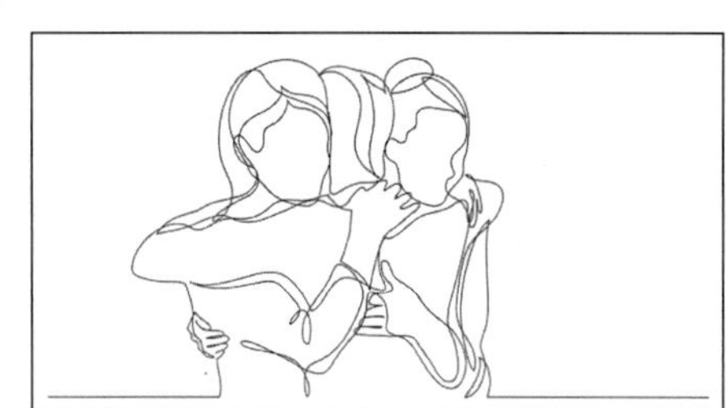

f)

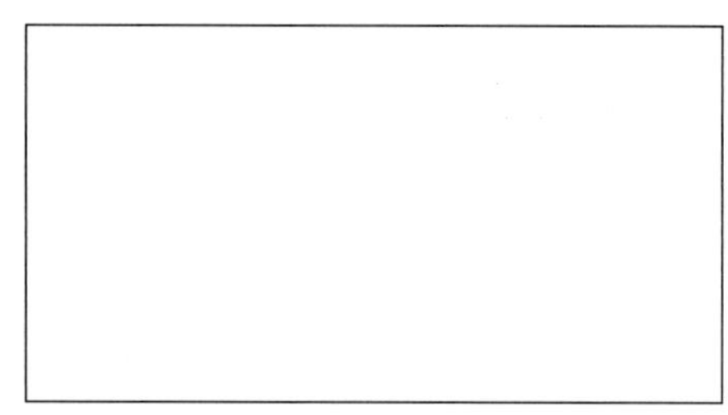

Stelle eine weitere Situation zeichnerisch dar. Oder suche eine weitere im Internet. Beschreibe die Situation.

13 Lösungen

1 Die deutsche Nationalhymne

Aufgabe 2: Einigkeit und Recht und Freiheit
für das deutsche Vaterland!
Danach lasst uns alle streben,
brüderlich mit Herz und Hand!
Einigkeit und Recht und Freiheit
sind des Glückes Unterpfand:
Blüh im Glanze dieses Glückes,
blühe, deutsches Vaterland!
Blüh im Glanze dieses Glückes,
blühe, deutsches Vaterland!

2 Einigkeit und Recht und Freiheit

Aufgabe 1: Individuelle Lösungen

Aufgabe 2: Individuelle Lösungen

Aufgabe 3: Artikel 2

1. Jeder hat das Recht auf die freie Entfaltung seiner Persönlichkeit, soweit er nicht die Rechte anderer verletzt und nicht gegen die verfassungsmäßige Ordnung oder das Sittengesetz verstößt.
2. Jeder hat das Recht auf Leben und körperliche Unversehrtheit. Die Freiheit der Person ist unverletzlich. In diese Rechte darf nur auf Grund eines Gesetzes eingegriffen werden.

Beispielseiten für weiterführende Informationen:

https://www.bpb.de/themen/politisches-system/politik-einfach-fuer-alle/236726/das-recht-freiheit-zu-haben/

https://www.tagesspiegel.de/politik/zehn-lander-in-denen-die-menschenrechtslage-besonders-schlimm-ist-5348188.html

3 Rechtschreibung

Rechtschreibstrategien

Aufgabe 1.1+1.2: Rat/ten, Lat/ten/zaun, Bet/ten/ver/kauf, Wet/ter/vor/her/sa/ge, Wel/len/bre/cher, Was/ser/strahl, knal/lig, Bett/vor/la/ge, Bret/ter/ver/schlag, Füt/te/rung, Fut/ter/mit/tel, Klas/sen/raum, Pa/pier/rol/le, Fal/len/stel/ler, Brot/zeit/tel/ler, ab/stel/len, auf/stel/len, Hun/de/bel/len, Re/bel/len, Lot/te/rie, Kut/ter, Mot/ten/ku/gel, Schaf/fell, Trot/tel, Fisch/ot/ter, Mut/ter/söhn/chen, But/ter/brot, him/mel/blau, Hum/mel/flug, Trom/mel/stock, knab/bern, Tee/kan/ne, Ba/de/wan/ne, Tun/nel/bau, Ei/sen/bahn/tun/nel, La/den/kas/se, Wis/sens/sen/dung, Waf/fen/kam/mer, Kreuz/fahrt/schif/fe, biss/fest, Mas/se, Dog/ge, Eb/be, ab/bre/chen

Aufgabe 1.3: **Brotzeitteller**: Hier handelt es sich um ein zusammengesetztes Nomen (d.h. 2 Nomen treffen aufeinander)

Aufgabe 1.4: **Bluttransfusion**: Hier handelt es sich um ein zusammengesetztes Nomen (d.h. 2 Nomen treffen aufeinander)

Aufgabe 2.1: Grenze, grunzen, Quark, tanken, Grenzzaun, Tankstelle, abgrenzen, Beize, Holzweg, Hackentrick, Kleiderhaken, wankelmütig, Wackelzahn, Rakete, Warzenschwein, Backenzahn, zanken, Balzverhalten, Blitzschutz, Trockeneis, brenzlich, Lichtfunzel, Fackelzug, Franzbrötchen, Flecken, flink, brutzeln, Runzel, furzen, frotzeln, Quarkbällchen, Bankschalter, Bankangestellter, fränkisch, zänkisch, blank, Flickschuster, flitzen

Aufgabe 2.2: Individuelle Lösungen

Aufgabe 3.1: Backe, backen, Birke, bücken, Krake, Rücken, Krücke, Katze, kitzeln, Ritze, Batzen, Mieze, blitzen, Harke, Hacke, Lücke, knacken, knarzen, Bürzel, Warze, Hosenlatz, Mütze, balzen, Würze, Tigerkatze, katzbuckeln, Kratzbürste, Falz, Schlitze, kritzeln, Kreuzband, Straßenkreuzung, Hausarzt, Satzbildung, hinsetzen, Schleudersitz, Satzgegenstand, Wurzelgemüse, Mütze, glitzern, beizen, Geizhals

3 Rechtschreibung

Rechtschreibstrategien

Aufgabe 3.2:

k	ck	z	tz
Birke, Krake, Harke,	Backe, backen, bücken, Rücken, Krücke, Hacke, Lücke, knacken	Mieze, knarzen, Bürzel, Warze, balzen, Würze, Falz, Kreuzband, Straßenkreuzung, Hausarzt, Wurzelgemüse, beizen, Geizhals	Katze, kitzeln, Ritze, Batzen, blitzen, Hosenlatz, Mütze, Tigerkatze, katzbuckeln, Kratzbürste, Schlitze, kritzeln, Hausarzt Satzbildung, hinsetzen, Schleudersitz, Satzgegenstand, Mütze, glitzern

Aufgabe 4.2: wieder – Widder – wider, Pudding - pudern, nähren – Narren, einloggen – Lüge, fällen – fehlen, stellen – stehlen, quellen – quälen, generell – General,

offen – Ofen, Schall – Schale, Wall – Wal, stramm – Strom, innen – ihnen, Miete – Mitte, wenn – wen, Sperre - Speere,

Rasen – Rassen, Masse – Maße, Gasse – Gase, hassen – Hasen, bitten – bieten, Saat – satt, vermitteln – vermieten, Watte – waten

Aufgabe 4.3:

lang gesprochen	kurz gesprochen
wieder, wider, pudern, nähren, Lüge, fehlen, stehlen, quälen, General, Ofen, Schale, Wal, Strom, ihnen, Miete, wen, Speere, Rasen, Maße, Gase, Hasen, bieten, Saat, vermieten, waten	Widder, Pudding, Narren, einloggen, fällen, stellen, quellen, generell, offen, Schall, Wall, stramm, innen, Mitte, wenn, Sperre, Rassen, Masse, Gasse, hassen, bitten, satt, vermitteln, Watte

Aufgabe 5.1: der Kleine, beim Grüßen, das Laufen, das Gute, das Böse, beim Schwimmen, das Beste, beim Lachen, das Letzte, der Große, beim Rechnen, beim Trommeln, beim Reiten

Aufgabe 5.2: individuelle Lösungen

Nomen an der Endung (dem Suffix) erkennen

Aufgabe 1:

reich	Reichtum	dumm	Dummheit	zufrieden	Zufriedenheit
verlegen	Verlegenheit	beliebt	Beliebtheit	wachsen	Wachstum
geheim	Geheimnis	beleidigen	Beleidigung	halten	Haltung
besonnen	Besonnenheit	erlauben	Erlaubnis	kostbar	Kostbarkeit
berühmt	Berühmtheit	leiden	Leidenschaft	leicht	Leichtigkeit
warten	Wartung	wissen	Wissenschaft	finster	Finsternis
bedeuten	Bedeutung	heiter	Heiterkeit	verschieden	Verschiedenheit
flüssig	Flüssigkeit	gemein	Gemeinheit	wirken	Wirkung
ziehen	Ziehung	trocken	Trockenheit	hell	Helligkeit
bekannt	Bekanntheit	rot	Rötung	hindern	Hindernis
tapfer	Tapferkeit	zeichnen	Zeichnung	heimlich	Heimlichkeit
knechten	Knechtschaft	erben	Erbschaft	leiden	Leidenschaft
eigen	Eigentum	herzlich	Herzlichkeit	feucht	Feuchtigkeit
herrschen	Herrschaft	wohnen	Wohnung	bereit	Bereitschaft
segnen	Segnung	tapfer	Tapferkeit	lesen	Lesung
klug	Klugheit	bürgen	Bürgschaft	feige	Feigheit
gefangen	Gefangenschaft	üben	Übung	wagen	Wagnis
ereignen	Ereignis	faulen	Faulheit	kostbar	Kostbarkeit
krank	Krankheit	sauber	Sauberkeit	gemein	Gemeinheit
begraben	Begräbnis	erkennen	Erkenntnis	ereignen	Ereignis
dunkel	Dunkelheit	finster	Finsternis	frech	Frechheit
gefallen	Gefälligkeit	reich	Reichtum	bedrängen	Bedrängnis
öffnen	Öffnung	üben	Übung	verneinen	Verneinung
faul	Faulheit	grausam	Grausamkeit	rechnen	Rechnung

13 Lösungen

3

Rechtschreibung

Ein Tennisspieler sitzt fest

Aufgabe 1: großer Wirbel, geimpft, der Verantwortliche, eines Tennisturnieres, als Verantwortlicher, nur Geimpfte oder Genesene, zum Turnier, jeder Ungeimpfte, das Recht, diese Akzeptanz, den Ungeimpften, nur Geimpfte oder Genesene, meinem Turnier

Adjektiv oder Substantiv?

Aufgabe 1: gut, Gut, gut, gut, Gut, licht, Licht, licht, Bar, bar, Bar, bar, macht, Macht, macht

Zusammengesetze Nomen

Aufgabe 1:

Q	W	D	K	A	T	Z	E	N	N	A	P	F	B	F	T	F	V	B	F
V	H	N	E	F	U	ß	B	A	L	L	L	A	U	N	E	R	C	V	A
A	D	F	C	I	H	Z	T	R	B	N	J	K	L	W	D	T	F	T	H
C	X	C	V	L	N	M	S	D	F	G	H	J	K	L	W	D	C	V	R
K	E	F	R	M	T	H	T	E	L	L	E	R	R	A	N	D	T	J	R
E	N	H	B	M	R	E	D	F	C	V	H	U	O	K	M	H	T	F	A
R	F	T	T	U	V	B	N	B	F	T	Q	W	D	F	T	G	B	N	D
R	D	F	F	S	C	V	H	S	D	F	V	H	N	E	D	T	G	Z	D
Ü	W	D	D	I	F	T	G	L	W	D	X	D	F	C	V	H	Z	T	I
B	L	M	W	K	C	V	G	K	L	M	Y	X	C	V	B	N	M	S	E
E	X	H	D	W	T	J	F	F	X	H	Z	H	B	F	T	F	V	B	B
O	K	E	M	H	T	F	R	O	K	E	W	A	S	D	F	R	C	V	H
I	Z	H	B	S	C	H	A	U	F	E	L	L	A	D	E	R	F	T	G
G	E	W	I	T	T	E	R	R	E	G	E	N	K	L	W	D	C	V	G
N	J	K	L	W	D	T	F	T	G	B	H	O	S	E	N	N	A	H	T
T	A	U	B	E	N	N	E	S	T	H	J	K	L	W	D	C	V	G	T
V	G	C	F	X	H	Z	B	H	V	G	C	F	X	D	W	T	J	F	H
V	H	U	O	K	E	D	F	C	V	H	U	O	K	M	H	T	F	R	N
X	D	F	C	V	H	Z	T	R	B	N	G	E	W	A	L	T	T	A	T
D	A	C	K	E	L	L	I	E	B	E	H	U	O	K	M	H	T	F	R

Aufgabe 2: KATZEN-NAPF, ACKER-RÜBE, SCHAUFEL-LADER, TELLER-RAND, FAHRRAD-DIEB, DACKEL-LIEBE, HOSEN-NAHT, GEWITTER-REGEN, GEWALT-TAT, TAUBEN-NEST, FUßBALL-LAUNE, FILM-MUSIK

Aufgabe 3: Die Konsonanten verdoppeln sich an der Stelle, an der man die Nomen zusammenfügt. Manchmal verdreifachen sie sich auch, nämlich dann, wenn das 1. Nomen mit 2 Konsonanten endet.

Aufgabe 4: ZUGGAST, BANKKUNDE, SCHAFFELL, ZUCKERRÜBE, BETTTUCH, CHORRAUM, HAUSSCHLÜSSEL, SCHLÜSSELLOCH, CAMPINGGAST, FAHRRAD, SCHRITTTEMPO, SCHIFFFAHRT

Es können noch einige weitere Wörter aus den zusammengesetzten Nomen gebildet werden.

Aufgabe 5: individuelle Lösungen

Aufgabe 6: Ruhm + Halle, Auto + Schlange, Riese + Rad, Fahrzeug + Kolonne, Regen + Wurm, Rodel + Bahn, Akte + Vernichter, Advent + Kranz, Gewalt + Wirkung, Affe + Zahn, Regen + Wald, Körper + Kraft, Ziege(n) + Stall, Zahn + Ersatz, Nase(n) + Länge, Becken + Knochen, Musik + Note, Bier + Bauch, Wange(n) + Knochen, Fuß + Sohle, Brücke(n) + Pfeiler, Umwelt + Schutz, Wand + Putz, Regen + Schirm, Regen + Wald, Sommer + Regen, Regen + Schutz, Regen + Mantel, Regen + Bogen, Rachen + Mandel, Mandel + Kern, Herren + Rad, Damen + Rad, Damen + Rock, Kinder + Roller, Riese(n) + Rad, Rad + Achse, Hose(n) + Träger, Hose(n) + Gürtel, Gürtel + Rose, Rose(n) + Beet, Rose(n) + Strauch, Rock + Musik

Aufgabe 7: Riechorgan

3 Rechtschreibung

Corona-Regeln

Aufgabe 1: In ein Taschentuch niesen oder husten.
Unbedingt Abstand zu anderen halten.
In die Ellenbeuge niesen, wenn du kein Taschentuch hast.
Einen Mundschutz tragen, dort, wo viele Menschen aufeinandertreffen.
Benutzte Taschentücher sofort in den Mülleimer werfen!
Regelmäßig Hände mindestens 20 Sekunden lang waschen.
Danach sollte man seine Hände desinfizieren.
Nicht in die Hand niesen oder husten!
Nicht ins Gesicht fassen!
Man sollte sich zur Begrüßung nicht die Hand geben.

Aufgabe 2: Das Niesen und Husten in ein Taschentuch ist erforderlich.
Das Abstandhalten/das Halten des Abstands ist unbedingt erforderlich.
Das Niesen in die Ellenbeuge ist erforderlich, wenn du kein Taschentuch hast.
Das Tragen eines Mundschutzes ist erforderlich dort, wo viele Menschen aufeinandertreffen.
Die Entsorgung der benutzten Taschentücher in den Mülleimer ist erforderlich!
Das (regelmäßige) Waschen der Hände/Händewaschen von mindestens 20 Sekunden ist erforderlich.
Danach wird das Desinfizieren der Hände empfohlen.
Das Niesen oder Husten in die Hand sollte vermieden werden.
Das Fassen ins Gesicht sollte vermieden werden.
Das Geben der Hand zur Begrüßung ist zu vermeiden.

Langer oder kurzer Vokal/Umlaut?

Aufgabe 1: Ich muss etwas ausmessen. Ich brauche dazu ein Maßband.

Ich habe Magenschmerzen. Deshalb sollte ich in Maßen essen. Die braune fette Soße zum Rinderbraten lasse ich lieber mal stehen.

Ich gehe nicht gerne in Großstädte, denn da sind mir zu große Menschenmassen. Die Straßen sind zu voll.

Die Erdnussbutter ist ein Genuss. Da ist ein Bluterguss am Fuß.

Ich strecke meine Füße in den Fluss. Das ist ein Muss bei diesem heißen Wetter!

Süße Füße riechen mäßig gut. Genüsslich schlürfte er Kaffee mit einem Schuss Sahne.

Aufgabe 2:

grüßen	↔	Gruß
küssen	↔	Kuss
fließen	↔	Fluss
gießen	↔	Tortenguss
zerrissen	↔	Riss
beißen	↔	Gebiss
zerreißen	↔	Reißverschluss
abschließen	↔	Türschloss
genießen	↔	er genoss

-e- oder -ä-?

Aufgabe 1: Die Bilder zeigen eine Welle und mehrere Wälle. Zwei Nomen mit ähnlicher Aussprache, jedoch unterschiedlicher Schreibweise. Wälle kommt jedoch von Wall.

Aufgabe 2: Rätsel, Gräber, Grabmäler, Gepäck, Trägheit, Räder, Bärte, Täler, quälen, Säle, Pferdeställe, Fußbälle, Gärten, kräftig, Täter, Schärfe, Ärger, Nähe, gefährlich, stählern, mäßig, täglich, abwägen, Wälle,

Aufgabe 3:
a) Der Sargträger muss den Sarg tragen.
b) Ich mag das Obst lieber geschält ohne Schale.
c) Der Hund bellt den ganzen Tag! Kann man ihn nicht mal mit ein paar Bällen ablenken?
d) Ich weiß nicht, welche Partei meine Mutter wählt.
e) Der Teller kommt in die Spülmaschine. In den Tälern liegt noch kein Schnee.
f) Ich bin gerade müde, faul und träge. Ich stelle das zweite Zelt erst später auf.

3

Rechtschreibung

-eu- oder -äu-?

Aufgabe 1: Häute, Bräute, Sträuße, Häuser/häuslich, gläubig/Gläubiger, Läuse, Bräuche, Fäule,/ Fäulnis, (ver)säumen, bläulich, Säue; Räuber, Bäuche, Säufer/Besäufnis, Gräuel, gräulich/Gräue, träumen/träumerisch, läuten, Kräuter, Säure, säubern

Aufgabe 2:

a) Heute morgen sahen sich die Touristen auf dem Lederbasar das Gerben von Tierhäuten an.

b) Als die Kirchenglocken nach der Doppelhochzeit läuteten, gratulierten die Leute freudig den beiden Bräuten und Bräutigamen mit einer feuchten Sektdusche.

c) Wenn man kleine weiße Eier auf dem Kopf entdeckt, die häufig an den Haaren kleben, ist das ein recht eindeutiges Zeichen für Kopfläuse.

d) Es ist wirklich ein Versäumnis, wenn man noch keine Kräuter im Garten hat! Besonders zwischen Bäumen und Sträuchern wachsen die heimischen Wildkräuter. Brunnenkresse wächst oft an Bachläufen.

e) Ich freue mich auf heute Abend, denn dann nehme ich ein heißes Bad. Ich werde ein paar Badeperlen ins Wasser streuen, damit es so richtig schäumt.

f) Ich träumte Scheußliches!

Fehlerhäufigkeiten erkennen

Aufgabe 1.1: Zwillingspärchen, Originalfassung, glatt, sinnt, lassen, offenbart, Chronik, Charaktere, Toll, Cybermobbing, gekonnt, Chronik, Bann, wollen

Aufgabe 1.2: Lillys Hauptfehler: Doppelmitlaute, 2 Fremdwörter mit K statt CH am Anfang geschrieben

Aufgabe 2.1: Zwillingspärchen, Buchtitel, Buch, Zeitreise, Geschwistern, Rache, Chronik, Charaktere, Standpunkt, Cybermobbing, Zeigefinger, Chronik, Bann

Aufgabe 2.2: Tobias‘ Hauptfehler: Großschreibung

Aufgabe 3.1: Zwillingspärchen, verrät, bloßstellt, hätten, hätte, nachempfinden, Charaktere, reflektieren, sehr, mehr

Aufgabe 3.2: Samis Hauptfehler: e-ä

Witze I

Aufgabe 1:

a) Ein Holzwurm kommt nach Hause und berichtet seinem Freund: „Du, heute ist eine Holzladung aus Indien gekommen. Wollen wir heute Abend indisch essen gehen?“

b) Der Augenarzt untersucht den Patienten. Verdutzt schaut er diesen an und fragt: „Wie haben Sie überhaupt hergefunden?“

c) „Sie reden ja komisch!“, sagt die neue Nachbarin zu Herrn Peschke. „Ja ich weiß. Das liegt an der korrekt verwendeten Grammatik und den ganzen Sätzen. Das überfordert viele Leute.“

d) Die Lehrerin zur Klasse 9a im Grammatikunterricht: „Wenn ich sage, ich bin schön, welche Zeit ist das dann?“ Da muss Marvin nicht lange überlegen und ruft: „Vergangenheit!“

e) Der Deutschlehrer erklärt der Klasse die Konjugation: „Ich gehe, du gehst, er geht, wir gehen, ihr geht, sie gehen.“ Dann fragt er die Schüler: „Wer kann mir sagen, was das bedeutet?“ Alex meldet sich und meint: „Na ja, das heißt im Klartext: Alle sind weg!“

Witze II

Aufgabe 1:

f) Alle Tiere warten in einer langen Schlange vor Noahs Arche. Auf einmal kommt der lange Zug zum Stehen. Verwundert fordert der Frosch die Giraffe auf: „Schau doch einmal nach, was da los ist!“ Die Giraffe reckt ihren langen Hals und seufzt ungehalten: „Oh Mann! Das kann ja vielleicht lange dauern. Der Tausendfüßer zieht gerade seine Hausschuhe an!“

g) Mutter schimpft mit ihrer Tochter bei Tisch. „Emma, was meinst du wohl, was mit kleinen Mädchen geschieht, die bei keiner Mahlzeit aufessen?“ Die Reaktion macht Mama sprachlos, denn die Kleine gibt ihrer Mama kontra: „Die bleiben schlank, Mami, werden Mannequin - und verdienen eine ganze Menge Kohle!“

3 **Rechtschreibung**

Witze II

Aufgabe 1: **h)** Als sich bei einem Holzfällerwettbewerb in Alaska auch ein kleiner und schmächtiger Mann zum Wettfällen anmeldet, machen sich die anderen langen und kräftigen Männer über ihn lustig. Das Lachen vergeht ihnen aber bald ganz schnell, als er mit wenigen Schlägen die größten Bäume umlegt. „Halli, hallo, nicht schlecht!", staunen die anderen, „Wo hast Du denn das gelernt?" „In der Sahara!", gibt der Kleine zur Antwort. „Aber dort gibt es doch gar keine Bäume!", verhöhnt ihn ein Wettkämpfer. „Ja, jetzt nicht mehr!", lässt ihn der Schlagfertige sprachlos stehen.

Witze III

Aufgabe 1: Ein Malerlehrling soll die Markierungen auf der Autobahn erneuern. Am ersten Tag schafft er mehr als zwei Kilometer, am zweiten Tag nur noch 500 Meter, am dritten sogar nur noch 200 Meter. Da fragt der Chef: „Warum schaffst du nicht mehr so viele Kilometer wie am Anfang?" Darauf antwortet der Lehrling: „Naja, der Weg zum Farbeimer ist inzwischen echt weit!"

Witze IV

Aufgabe 1: Ein Interviewer klingelt an der Tür von Herrn Müller. Dieser öffnet die Tür. Da fragt der Interviewer den ahnungslosen Herrn Müller: „Auf einer Skala von 1 bis 10, wie sehr haben Sie in Ihrer Beziehung die Hosen an?" Da ruft Herr Müller unsicher ins Haus: „Schatz? Darf ich bitte an einer Umfrage teilnehmen?"

Witze V

Aufgabe 1: Zwei Zahnstocher machen sich auf zum Wandern. Als sie im Wald angekommen sind, sehen sie einen Igel. Die wandernden Zahnstocher sind erstaunt. Da sagt der eine zum anderen völlig verdutzt: „Ich wusste gar nicht, dass hier ein Bus abfährt!" Der Igel schaut sie verwundert aus großen Augen an.

Witze VI

Aufgabe 1: Herr Neuchel bewohnt eine geräumige Wohnung im fünften Stock eines Mehrfamilienhauses. Als er im Blumenkasten auf seinem Balkon eine Schnecke entdeckt, ist er völlig aus dem Häuschen und schmeißt sie angeekelt vom Balkon hinunter auf die Straße, wo sie unsanft aufkommt. Nach zwei Jahren klingelt es an seiner Tür. Als er ahnungslos öffnet, steht die Schnecke vor ihm und sagt: „Was sollte die Aktion eben?"

Witze VII

Aufgabe 1: Paulina wandert in den Alpen. Sie genießt die Natur. Plötzlich stürzt die junge Frau in eine Gletscherspalte. Sie harrt zwei Stunden in der Kälte aus, bis es aus einem Rettungshubschrauber über das Megafon ruft: „Hallo? Können Sie mich hören? Hier spricht die Bergwacht des Deutschen Roten Kreuzes." Da antwortet die in der Gletscherspalte feststeckende Paulina mit fester Stimme: „Tut mir leid, aber ich spende nichts."

4 **Alphabetische Ordnung/Alphabet/Wörterdetektiv**

Alphabetische Ordnung I

Aufgabe 1: Mundharmonika, Hammer, Team, Rockerbraut, Kinokarte, Autokrat, Umweltbeauftragter, Assistent

Aufgabe 2: Gipskopf, Herbergseltern, Heuschreckenplage, Heftumschlag, Kniebandage, Knallbonbon, Löwenzahnblüte, Pedalo

Alphabetische Ordnung II

Aufgabe 1: Attest, Kunststücke, Handschuh, Schürzenjäger, Tegernsee, Blätter, Mehrheitspartei, Gebirgspass

Aufgabe 2: perfekt, Parkschein, Ratschlag, quetschen, Schlammlawine, Scheusal, Vergissmeinnicht, Zyste

4

Alphabetische Ordnung/Alphabet/Wörterdetektiv

Alphabetische Ordnung III

Aufgabe 1: Vertrag – Vorbild – Vorteil – Vorurteil
Anstrengung – Anteilnahme – Aufnahmeleiter – Ausfahrt
Denkmalpfleger – Mahnung – Malermeister – Merkzettel
Eckensteher – Empfangshalle – Erbinnen – Fußballtrainer
Datteln – Dauerlauf – Staubsauger – Trinkwasser
Fährtensucher – Fahrlehrer – Fahrradständer – Fahrschule
Volkslauf – Volkszählung – Vollerwerb – Vordergrund
Ballpumpe – Basketballspieler – Bauleiter – Behälter
Bratensoße – Bratpfanne – Brotkrümel – Brotzeit
Zauneidechse – Zugabteil – Zugfahrt – Zugführer

A wie Alphabet

Aufgabe 1: Archaeopterix, Baltikum, Chance, Demokratie, Erdteil, Fieber, Geranie, Hangar, Illustration, Judentum, Kompliment, Logopädie, Maschine, November, Opposition, Paar, Quartal, Rochen, Serpentine, Turbine, Ungeheuer, Volumen, Wochentag, Xaver, Yacht, Zaun

Wörterdetektiv

Aufgabe 1: Ast, Tisch, Echse, Leber, Eden, Ehe, Eis, euer, Emden, Ahnen, Omi, Oper, Träume, unter, Affe, Uropa, Rose, Linde, Ding, Eiche

5

Fremdwörter

Schlagzeilen zur Politik

Aufgabe 1: Genozid, Infrastruktur, Engagement, (NATO), aggressive, Realität, (Union), Investitionen, Boykott, Ambition, Imperium, (attackieren), Expansion, Sanktionen, Aggressor, Propaganda, Logistik

Aufgabe 2:

Genozid	1	Investitionen	8	Angreifer	5	Zusammenhalt	12
Infrastruktur	2	Ambition	9	Ausdehnung	13	Wege, Netze, Gebäude	2
Realität	3	Imperium	10	Ehrgeiz, Machthunger	9	sozial, wohltätig	11
Engagement	4	humanitär	11	Stimmungsmache, Werbung	6	Kosten	8
Aggressor	5	Solidarität	12	Massenmord, Ausrottung	**1**	Einsatz	4
Propaganda	6	Expansion	13	Bestrafung, Druckmittel	14	Machtbereich	10
Boykott	7	Sanktionen	14	Wirklichkeit	3	Ächtung, Nicht-Teilnahme	7

Sportliche Schlagzeilen

Aufgabe 1: Profidebüt, Winterupate, Abwärtstendenz, Premiere, hochkarätige, Chance, Debüt, Projektteam, Konzept, Mountainbike, Fokus, Comeback, Alternative, Olympionike, Eldorado, Interimstrainer, illegal, Trails, offiziell, Parcours, Desaster, Potential, Stammkader, Kontrakt, Transfer, Duathlon, Corona, Rhythmus

Aufgabe 2: individuelle Lösungen, bzw. vergleiche mit Aufgabe 3.

5 **Fremdwörter**

Sportliche Schlagzeilen

Aufgabe 3:

Fokus	1	Debüt	7	Konzept	13	Kontrakt	19
Comeback	2	Premiere	8	illegal	14	Interim	20
Alternative	3	Olympionike	9	Trail	15	Stammkader	21
hochkarätig	4	Parcours	10	Duathlon	16	Profidebüt	22
Chance	5	Eldorado	11	Desaster	17	Transfer	23
Potential	6	Update	12	Rhythmus	18	Tendenz	24
Wechsel Austausch	2 3	Kurs Weg	2 4	erstklassig	4	Einführung als Berufssportler	2 2
Bestand Vorrat	6	Programm Plan	1 3	Auftritt Spiel	8	Verbesserung Aktualisierung	1 2
Strecke Pfad	1 5	Vertrag	1 9	Mannschafts-aufstellung	2 1	Übergang Zwischenzeit	2 0
Rennstrecke Piste	1 0	Brennpunkt Mittelpunkt	1	Beginn	7	Möglichkeit Perspektive	5
Sportwettkampf aus 2 Sport-arten	1 6	unerlaubt	1 4	gleichmä-ßiger Ablauf	1 8	Misserfolg	1 7
Neubeginn	2	Teilnehmer an Olympia	9	Weg	3	Paradies, Traumland	1 1

Fremdwörter im Sportteil der Tageszeitung

Aufgabe 1:
a) Favorit, arrogant, Trainer, Coach, Qualität, Finale, Fokus
b) Generation, Shootingstar, Highlight, Nervosität, Talent, Routine, offensiv, Qualität, Trainerstab, Kompliment

Aufgabe 2:
a) Favorit: Teilnehmer an einem Wettkampf mit größter Aussicht auf den Sieg;
arrogant: überheblich, eingebildet;
Trainer: Person, die mit Personen regelmäßig übt, um ein sportliches Ziel zu erreichen;
Coach: Person, die andere Personen trainiert/übt;
Qualität: gute Eigenschaft;
Finale: Endspiel; letzte Veranstaltung vor der Entscheidung;
Fokus: Blickpunkt

b) Generation: ein Zeitraum, der ungefähr die Lebenszeit eines Menschen erfasst;
Shootingstar: Jemand, der plötzlich berühmt wird;
Highlight: Höhepunkt;
Nervosität: innere Unruhe;
Talent: Begabung;
Routine: durch längere Erfahrung erworbene Fähigkeit;
offensiv: angreifend;
Qualität: gute Eigenschaft;
Trainerstab: Gruppe von Trainern;
Kompliment: eine lobende, schmeichelnde Äußerung einer Person an eine andere

Fremdwörter in der Berichterstattung

Aufgabe 1: Lösungsvorschlag:

Bei der Wiederbegegnung im Spiel gegen die Mannschaft aus der gleichen Region ließ die heimische Mannschaft durch ihr gut ausgedachtes Vorgehen im Angriff dem Gegner keine Gelegenheit, das Spiel zu gewinnen.

Nach der Erstaufführung trafen sich alle Schauspieler, Bewerber (Teilnehmer) der Suche nach einer Rolle, die Hauptleiter und die Darsteller der gefährlichen, nachgestellten Szenen sowie die Filmdrehenden zum Fototermin und zum Interview (Gespräch), bevor die bewährte Feier nach getaner Arbeit begann.

5

Fremdwörter

Fremdwörter in der Berichterstattung

Aufgabe 1:

A	B	C	D	E	F	G	H	I	J	K	L	M	N	O	P	Q	R	S	T
10	14	17	12	3	16	20	15	5	1	19	8	4	9	7	2	11	13	18	6

6

Alliterationen

Aufgabe 1: Die Alliteration ist eine Wortfolge, bei der so viele wie mögliche Wörter den gleichen Anfangslaut besitzen.

Aufgabe 2: Individuelle Lösungen

Aufgabe 3:

a) Walter wundert sich, wie wenig wir vom Werden des weiten Weltalls wissen.
Wie wenig, wundert sich Walter, wissen wir doch vom Werden des weiten Weltalls.

b) Schwarzbeeren und Sauerkirschen, die süß und sauer schmecken, sammelt Samirs Schwester Susi.

c) Sinn verleihn sollen Sommer, Sonne, Sonnenschein Sandras Sommerferien.
Sandras Sommerferien Sinn verleihn sollen Sommer, Sonne, Sonnenschein.

d) Unter den besorgten Blicken beider Elternteile balgten und boxten sich beide braven Brüder.

e) Viele frühere Klassenfreunde und -freundinnen freuten sich auf fröhliches Feiern vor dem festlich geschmückten Festsaal.
Vor dem festlich geschmückten Festsaal freuten sich viele frühere Klassenfreunde auf fröhliches Feiern.

f) Zum gelungenen Geburtstag gratulierte gutmütig Göttergatte Gregor seiner gütigen Göttergattin Gabi mit grüner Götterspeise.
Mit grüner Götterspeise gratulierte Göttergatte Gregor seiner gütigen Göttergattin Gabi gutmütig zum Geburtstag.

g) Auf friedliches Feiern freuten sich vier oder fünf frühere Freunde mit vier oder fünf friedlichen Freundinnen.
Auf friedliches Feiern mit vier oder fünf friedlichen Freundinnen freuen sich vier oder fünf frühere Freunde.

h) Heuer hat Hundehalter Hans Hirte heimlich Haushälterin Helene Hibiskus geheiratet.
Heimlich geheiratet hat heuer Hundehalter Hans Hirte Haushälterin Helene Hibiskus.
Haushälterin Helene Hibiskus heimlich geheiratet hat heuer Hundehalter Hans Hirte.

i) Im Bärenbrunnen in Berlin brummen, balgen und boxen zwei Bären, bis bei beiden Blut rinnt.

Aufgabe 4: Individuelle Lösungen

Aktiv und Passiv (Alliterationen)

Aufgabe 1: Passiv: Auf richtigen Radwegen wurde geradelt.
Passiv: Die hundert Ster Holz wurden in nur hundert Tagen gehackt.
Passiv: Die Haare wurden auf dem harten Sofa geschnitten.
Passiv: Die Pferde wurden auf dem Pferdehof ausprobiert.

Aufgabe 2: Aktiv: Der fleißige Fischer fängt den flinken, frischen Aal.
Aktiv: Die taube Tante Tanja holt den tollpatschigen Timo im schnellen Sportwagen ab.
Aktiv: Der grüne Grasfrosch jagt die flinke Fliege am tiefen Teich.
Aktiv: Der zahme Zoowärter Zacharias füttert die zahnlosen Zebras.

7

Wortfeld

„sagen/sprechen" I

Aufgabe 1: einen Termin bestätigen; zwei Besucher miteinander bekanntmachen; nach einem Unfall die Polizei benachrichtigen; ein spezielles Geheimnis ausplaudern; einen Mitschüler nach einer schlechten Note aufmuntern; die Aussage eines unglaubwürdigen Zeugen anzweifeln; sich mit einem Erfolg brüsten, für den man aber nichts kann; andere mit Schimpfwörtern beleidigen; Mutter ein Fehlverhalten beichten; meinen Bruder in einer wichtigen Angelegenheit beraten; eine unangenehme Wahrheit aussprechen; einen Dieb wegen seiner Tat anklagen.

Lückenfüller Deutsch 9 / 10 – Bestell-Nr. 12 998
Aufgaben für flotte Schüler

13 Lösungen

7 Wortfeld

„sagen/sprechen“ II

Aufgabe 1: einen Besuch bei Oma ankündigen; Peters gute Leistung anerkennen; den ungünstigen Termin beim Direktor absagen; eine Fehlmeldung in der Zeitung berichtigen; viele Erfolge aufzählen können; Demonstranten zu heftigen Protesten aufwiegeln; die Anschuldigung des Lehrers abstreiten; Lehrer müssen Leistungen beurteilen. Eine Straftat muss man anzeigen; dringend um Verzeihung betteln; Ein Gerücht sollte man nicht weiterverbreiten; eine Anschuldigung zurückweisen.

„sagen/sprechen“ III

Aufgabe 1: verteidigen, absagen, behaupten, bejahen, aussagen, aufrütteln, anschwärzen, besänftigen, entgegnen, anklagen, verspotten, benachrichtigen, vergleichen, verkünden, unterweisen, behaupten, erbitten, stottern, beruhigen, erwidern, nötigen, verneinen, beklagen, ergänzen, wispern, genehmigen, angreifen, bewundern, ankündigen, vorwerfen

„sagen/sprechen“ IV

Aufgabe 1: bejammern, äußern, anzeigen, ausrichten, abstreiten, brummen, bezweifeln, grölen, beschwichtigen, bewundern, mahnen, lästern, beschreiben, protestieren, schimpfen, kommentieren, verifizieren, zustimmen, zusagen, jubeln, feststellen, ermuntern

8 Redensarten

Redensartenquiz

Aufgabe 1:

1	2	3	4	5	6	7	8	9	10	11	12	13	14	15	16	17	18	19	20
F	I	B	G	K	O	D	M	E	N	C	H	L	A	J	R	S	P	T	Q

Aufgabe 2:
- **a)** Du musst zeigen, auf welcher Seite du stehst. = Du musst Farbe bekennen.
- **b)** Jemandem etwas weißmachen = Einen Bären aufbinden.
- **c)** Etwas nicht verstehen. = Ein Brett vor dem Kopf haben.
- **d)** Mit jemandem heimlich zusammenarbeiten. = Unter einer Decke stecken.
- **e)** Eine Sache aufgeben. = Die Flinte ins Korn werfen.
- **f)** In große Schwierigkeiten kommen. = In Teufels Küche kommen.
- **g)** Er ist ein unangenehmer Zeitgenosse. = Er hat Haare auf den Zähnen.

9 Gedichte-Werkstatt

Aufgabe 1-12: Individuelle Lösungen

10 Zitate

Aufgabe 1-3: Individuelle Lösungen

Aufgabe 4: Sein oder nicht sein, **das** ist hier die Frage (William Shakespeare)
Wege entstehen dadurch, **dass** man sie geht. (Franz Kafka)
Freundschaft, **das** ist eine Seele in zwei Körpern. (Aristoteles)
Das Glück hängt von uns selbst ab. (Aristoteles)
Freundschaft ist das schönste Geschenk, **das** die Götter den Menschen verleihen. (Seneca)
Es gibt kaum ein beglückenderes Gefühl, als zu spüren, **dass** man für andere Menschen etwas sein kann.
Der Sinn des Lebens liegt darin, **dass** es aufhört.
Der Narr hält sich für weise, aber der Weise weiß, **dass** er ein Narr ist.

11 Texte erschließen

Erlaubt oder nicht? Verhalten beim Einkauf

Aufgabe 1-3: individuelle Lösungen

Lösungen

11

Texte erschließen

Erlaubt oder nicht? Verhalten beim Einkauf

Aufgabe 4:

	erlaubt	nicht erlaubt
Herr Meier lädt den Einkaufswagen mit 15 Paketen Klopapier voll.		X
Sergej will zwei Kartons mit insgesamt 24 Flaschen Olivenöl kaufen.		X
Frau Ködel öffnet zwei Cremedöschen (Tiegel), verteilt jeweils eine Fingerkuppe Creme auf dem Handrücken und riecht dran.		X
Richard steckt vier Brötchen in eine Tüte, nachdem er sich einen Plastikhandschuh angezogen hat.	X	
Emma entnimmt dem Regal eine Fußballzeitschrift und reißt das angeheftete Tütchen auf, um zu sehen welche Spielerfotos darin sind.		X
Rosi reißt eine Chipstüte auf, um den Salzgehalt zu prüfen und legt sie dann in ihren Einkaufskorb.		X
Tobi fotografiert zwei Zeitschriftentitelblätter, kauft die Produkte aber nicht.	X	

Aufgabe 5: Individuelle Lösungen

Mobbing (Einführung)

Aufgabe 1: Individuelle Lösungen

Aufgabe 2:

verbales Mobbing

körperliches Mobbing

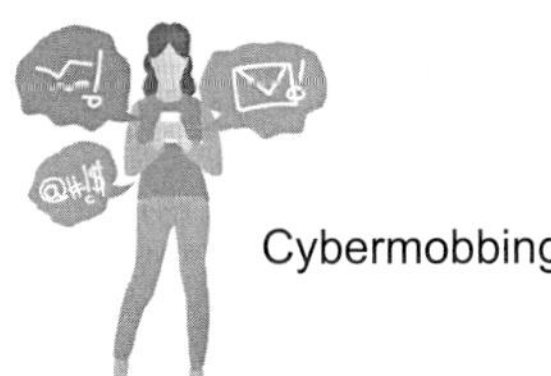
Cybermobbing

Beziehungsmobbing

Aufgabe 3+4: Individuelle Lösungen

Cybermobbing

Aufgabe 1: Individuelle Lösungen

Cybermobbing – Mach dein Handy nicht zur Waffe

Aufgabe 1: Die Abbildung ruft zum achtsamen Umgang mit dem Smartphone auf. Das bedeutet, man soll sich bewusst sein, dass viele Dinge, die wir mit dem Smartphone „anrichten" können, strafbar sind. Man sollte stets überdenken, ob der „Streich" oder „Spaß", den man sich erlaubt, für die betreffende Person auch nur ein „Spaß" ist.

Aufgabe 2: Der Satz bedeutet: In der Anonymität, wo man nicht gesehen und erkannt wird sowie der Person, die man beleidigt, nicht gegenübersteht, sind Beleidigungen und Drohungen besonders gemein und verletzend.

Aufgabe 3: Trittbrettfahrer sind Personen, die ohne viel Aufwand bequem Aufmerksamkeit erzeugen wollen. Diese verbreiten unschöne Dinge im Internet. Sie leiten sie weiter, haben sie jedoch nicht selbst erstellt.

Aufgabe 4: Recherche über die Aktionen „Mach dein Handy nicht zur Waffe" und „Bündnis gegen Cybermobbing".

11

Texte erschließen

Cybermobbing – Eine gemeine Zeiterscheinung

Aufgabe 1: Lösungsbeispiel:

a) Das Mädchen könnte eine Nachricht von Mitschülern/einer Gruppe erhalten haben, in der es beleidigt oder bloßgestellt wird.

b) Das Mädchen könnte ein Video/Bild erhalten haben, was es verängstigt, z. B. Gewalt, Sex.

c) Das Mädchen, das alleine steht, könnte im Klassenchat bloßgestellt worden sein, Die Mitschülerinnen lachen es aus. Aufgrund der Hautfarbe des Mädchens könnte das Mobbing auch einen rassistischen Hintergrund haben.

d) Das Mädchen hat viele Dislikes bekommen, vermutlich für ein eingestelltes Foto.

Aufgabe 2: Lösungsbeispiel:

a) Das Mädchen ist am Boden zerstört und sehr verletzt. Es könnte denken: „Oh wie peinlich! Niemand mag mich mehr! Alle lachen über mich!"

b) Das Mädchen wirkt verängstigt. Es könnte denken: „Oh, das will ich gar nicht sehen. Was ist DAS denn? Ih! Eklig! Hilfe!"

c) Das Mädchen fühlt sich ausgegrenzt, weil die anderen zusammenstehen und lachen. Es könnte denken: „Wie gemein! Ich bin der Loser! Jetzt habe ich niemanden mehr!"

d) Das Mädchen ist enttäuscht und verzweifelt über die vielen Dislikes. Wir wissen nicht, ob es selbst ein Foto von sich hochgeladen hat oder ob das andere Personen getan haben. Auf jeden Fall erntet es mehr Spott als Gefallen. Es könnte also denken: „Oh Mann! Hört das denn NIE auf! Voll gemein! Die machen mich fertig! Dabei dachte ich, das sei ein gutes Foto!"

Feuerspuckendes Ungeheuer auf dem Stadtplatz

Aufgabe 1: Individuelle Lösung

Aufgabe 2: Lösungsbeispiel: Der Drachenstich war ursprünglich Teil der Fronleichnams-Prozession.

Aufgabe 3: Der Drache ist ein Schreitroboter. Er ist für viele Spezialeffekte ausgerüstet. Deshalb steht er auch in Guinness-Buch der Rekorde. Zudem ist er sehr groß und hat eine Flügelspannweite von 12,3 Metern.

Aufgabe 4: Individuelle Lösungen

Ricky hat es geschafft!

Aufgabe 1: Nach anfänglich kleinen Gewinnen glaubte Ricky, er könnte immer öfter erfolgreich sein. Der Erfolg stellte sich nicht mehr ein. Er entwickelte einen Drang und eine Sucht.

Aufgabe 2: Ricky suchte Geldquellen, um seine Sucht zu befriedigen.

Aufgabe 3: Er verlor seinen Job, seine Familie setzte ihn auf die Straße, er wurde obdachlos, bettelte.

Aufgabe 4: Er erkannte seine Lage, suchte professionelle Hilfe, fand sie und änderte sein Leben.

Aufgabe 5: Er kann sich in deren Lage versetzen, weiß wie sie „ticken", was sie brauchen und findet aufgrund seiner Vergangenheit Zugang zu ihnen.

Aufgabe 6: Individuelle Lösungen
Vertrauen vermitteln, nicht bedrängen, Verständnis zeigen, Einsicht fordern, Beziehungen aufzeigen, Folgen vermitteln usw.

11

Texte erschließen

Ricky hat es geschafft!

Aufgabe 7: Lösungsbeispiel:

Du musst trinken? Ohne Flasche geht es nicht? Der tägliche Rausch – dein Begleiter?

Du musst spielen? Der Spielautomat ist dein Freund? Du möchtest unbedingt gewinnen?

Einkaufen, einkaufen, einkaufen? Bestellen, bestellen, bestellen? Obwohl du knapp bei Kasse bist?

Gestehe dir ein, dass du Hilfe brauchst:

- Sprich mit deinen Freunden!
- Vertraue dich einem dir nahestehenden Menschen an!
- Suche professionelle Hilfe!
- Rufe ein Sorgentelefon an!

Nur Mut – es gibt viele, die dir helfen wollen und können!!

Tagebucheintrag

Aufgabe 1: trüb, negativ, betrübt

Aufgabe 2: Ein Hashtag ist ein Zeichen („Doppelkreuz" oder „Rautezeichen"), das man in den sozialen Medien vor ein bestimmtes Schlagwort/Thema setzt. So kann man gezielt nach einem Begriff suchen und Menschen/Gruppen mit gleichen Interessen finden.

Aufgabe 3-5: Individuelle Lösungen

Ich mag dich!

Aufgabe 1: Individuelle Gestaltung

Aufgabe 2: Individuelle Gestaltung

Sattelzug durchbricht Autobahn-Mittelleitplanke

Aufgabe 1: Individuelle Lösungen

Aufgabe 2: der Fahrer eines Sattelzuges (24 Jahre), der Fahrer des SUV (55 Jahre), der Fahrer eines Lkw (44 Jahre), welcher ein Rad verloren hatte.

Aufgabe 3: Schuld am Unfall hat der 44-jährige Lkw-Fahrer, der das Rad verlor.

Aufgabe 4: Pech für ihn war, dass er dem Rad auf der Fahrbahn ausweichen musste.

Aufgabe 5-7: Individuelle Lösung

London – Immer eine Reise wert

Aufgabe 1-3: Individuelle Lösungen/Gestaltungen

13 Lösungen

11 Texte erschließen

Eine beindruckende Frau

Aufgabe 1:

Aufgabe 2: Dian Fossey erforschte das Verhalten der Berggorillas im Norden Ruandas fast 20 Jahre lang bis zu ihrem Tod. Dort hatte sie eine Forschungsstation eingerichtet. Die Kontakte zu den Tieren wurden immer intensiver. Sie fertigte eine Kartei mit den verschiedenen charakteristischen Nasenzeichnungen der Tiere an und gab ihnen Namen.

Aufgabe 3+4: Individuelle Lösungen

Frauen ins All!?

Aufgabe 1-3: Individuelle Lösungen

Schmetterlings-Schlüpfung

Aufgabe 1: Raupe – Puppe – Schmetterling

Aufgabe 2: Damit sich die Raupe verpuppen kann, hat er einen Blumentopf mit Erde hergerichtet und ihn auf dem Dachboden aufgehoben.

Aufgabe 3: Aus Gründen des Tierschutzes werden keine lebendigen Schmetterlinge mehr präpariert.

Aufgabe 4: Individuelle Lösungen

Aufgabe 5: Individuelle Lösung; Beispiel: Form, Symmetrie und Farbgebung.

Aufgabe 6: Weinschwärmer, Morphofalter, Atlasspinner

Aufgabe 7: Individuelle Informationssuche und Darstellung

Um 600 000 € betrogen

Aufgabe 1: Individuelle Erzählung

Aufgabe 2: Sie versetzten die Dame in einen Schockzustand und versicherten glaubhaft das Geschehen.

Aufgabe 3: Individuelles Rollenspiel auf Basis des Berichts

Aufgabe 4: Beispiel:

Hinweis der Polizeidirektion: In den vergangenen Wochen fielen vermehrt ältere Personen auf sog. Schockanrufe von Betrügern herein. Dabei berichteten die Anrufer glaubhaft, dass enge Verwandte in einen tödlichen Unfall verwickelt worden seien.

Um Gefängnisaufenthalten zu entgehen oder Verunfallte zu entschädigen, müsse ein bestimmter Geldbetrag bezahlt werden.

Durch das äußerst glaubwürdige und überzeugende Handeln der Anrufer hegten die Betroffenen keinen Zweifel am Geschehen, selbst wenn es sich um große Summen oder Überweisungen ins Ausland handelt.

Überweisen Sie niemals Geld, sollten Sie eine solche Aufforderung erhalten!. Wenden Sie sich in diesem Fall an einen Vertrauten oder die Polizei.

Übrigens: Die Polizei wird am Telefon niemals Geld, Überweisungen oder Passwörter von Ihnen verlangen!

Denken Sie daran: Die Polizei, dein Freund und Helfer.

11 **Texte erschließen**

Um 600 000 € betrogen

Aufgabe 5: Individuelle Lösung; Lösungsbeispiel::

Trickbetrüger haben einer 67-jährigen Heilbronnerin weißgemacht, sie hätte eine Erbschaft in Millionenhöhe gemacht – sie aber um mehr als hunderttausend Euro betrogen. Die unbekannten Täter kontaktierten die Dame im vergangenen Jahr über eine Social-Media-Plattform. Sie versicherten ihr, dass sie nach dem tödlichen Verkehrsunfall eines Verwandten in Südafrika 5,5 Millionen Euro erbe. Um die Erbschaft antreten zu können, müsste sie aber anfallende Gebühren für geleistete Dienste im Ausland entrichten. Nachdem die Frau bis Mai mehrere Überweisungen auch an ausländische Konten getätigt, aber kein Geld erhalten hatte, erstattete sie Anzeige.

12 **Nachdenken**

Aufgabe 1+2: Individuelle Lösung

Aufgabe 3: Zufallsglück: Das Glück fällt uns von außen zu

Glücksgefühl, Lebensfreude, Zufriedenheit: Das Glück wohnt in uns.

Erfolg: Das Glück, wenn uns etwas gelingt.

Aufgabe 4:

a) Das Bruttonationalglück in Bhutan bedeutet, dass nicht zuerst die Wirtschaft des Landes wachsen soll, sondern erst einmal das Glück der Menschen. Jeder Bewohner kann in sich selbst das Glück finden. Der König und die Menschen dort glauben, dass man dazu nicht viel Geld und Besitz braucht. Als Buddhist glaubt man, dass viel Geld und Besitz eher dem Glücklichsein im Weg steht. Deshalb ist die wirtschaftliche Entwicklung des Landes den Einwohnern auch nicht so wichtig.

Zu den 4 Säulen des Glücks in Bhutan gehören:
1 gerechte Entwicklung von Gesellschaft und Wirtschaft
2 Umweltschutz
3 gut geführte Regierung
4 Bewahrung der Traditionen

b) Individuelle Lösungen

Situationen

Aufgabe 1: Lösungsbeispiel:

a) gestikulierend diskutierende junge Männer
b) telefonisches Streitgespräch
c) Sit-in junger Menschen, plaudernd, diskutierend, lachend
d) Mitarbeiter-Trio bespricht Vorgehensweise
e) freudige Begrüßung dreier Mädchen

Aufgabe 2: Individuelle Lösungen

Klasse 5 6 7 8 9 10 11-13

Rätsel, Logik & Co

Stefan Lamm

TANGRAM für die Schule

Die Beschäftigung mit den Tangram-Teilen schult die räumliche Vorstellung und fördert die Kreativität. Zur Verfügung stehen Motive in drei Schwierigkeitsstufen. Die verschiedenen Motive im grundlegenden Niveau können als Einstieg dienen. Zur Steigerung kann dabei auch die Zeit gestoppt werden. Wer ist der Schnellste? Im mittleren Niveau stehen Arbeitsblätter mit je 6 Tangram-Motiven zur Verfügung,

40 Seiten	12 831	ab 12,49 €	Aa FÖ	5 6 7 8

Dirk Meyer

52 Rätsel der Woche

Freiarbeit • Förderunterricht • Häusliches Üben

Sudokus, Spinnennetzrätsel, Rechen-Zeichen-Rätsel, W... rätsel ... es gibt eine Rätselseite für jede Woche des Ja... Das Material kann sowohl für sehr schnelle Schüler als... als Zusatz- oder Knobelaufgabe eingesetzt werden. ***Die... selaufgaben fördern das logisch-mathematische De... und stärken die Kombinationsfähigkeit!***

Klasse	Best.-Nr.	
Klasse 5	11 367	
Klasse 6	11 426	
Klasse 7	11 461	
Klasse 8	11 662	je 72 Seiten
Klasse 9/10	11 894	ab 15,99 €

BF 

Autorenteam Kohl-Verlag

Puzzle-Motive logisch füllen

Geometrische Formen spielerisch zusammensetzen

Schüler mögen es, aus einzelnen Teilen ein kindgerechtes Motiv zusammenzufügen. Dieser Band ist so aufgebaut, dass mit einfachen Motiven begonnen wird, die mit einfachen geometrischen Formen ausgelegt werden. Die nächste Stufe erfordert und fördert schon mehr Kreativität und räumliches Vorstellungvermögen. Damit eignen sich die Puzzle-Aufgaben gut für Anfänger in diesem Bereich und auch für Fortgeschrittene und Experten.

FARBIG

40 Seiten	12 869	ab 17,49 €	Aa FÖ	5 6 7 8

Alfons Weinem

Rätselsammlung MATHE

Eine Freiarbeitstheke für die Sekundarstufe

Diese Rätselsammlung bietet eine ganze Palette mathemati... Rätsel und Logeleien: Von Zahlenreihen und -spielen über Te... gaben mit Knobeleffekt und Klassiker mit Dreisatz und Zinse... bis zu beliebten Zahlenrätseln aus Japan, Sudoku und Kakuro. die Umsetzung der Mathematik kommt nicht zu kurz: Mit Aufg... zum technischen Vorstellungsvermögen kann getestet werden, wie schnell Gewichte, Volumen und Drehbewegungen berechnet werden können. ***Übungen in allen Schwierigkeitsgraden – und das ganze im Taschenformat!***

40 Seiten	12 617	ab 12,49 €	BF

Michael Junga

Logisch denken lernen mit Hashis

Inseln mit Zahlen bzw. Punkten werden nach vorgegebenen Regeln miteinander verbunden. Ziel ist es, genau die vorgegebene Anzahl einfacher und doppelter Linien auf die Insel zulaufen zu lassen, ohne dass sich die Linien kreuzen. Alle Inseln müssen zum Schluss miteinander verbunden sein. Mit verschiedenen Schwierigkeitsstufen und Größen!

32 Seiten	11 464	ab 11,99 €	BF	5 6 7 8 9 10 11-13

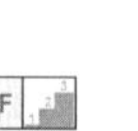

Anette Töniges

Mathe-Rätsel für helle Köpfe

Arbeitsblätter zur individuellen Förderung

Kreuzzahlrätsel, Knobeln an magischen Quadraten, Geheimcodes, ... nos, spannende Bilder- und Buchstabenrätsel ... Das Grundwissen und mathematische Begriffe werden spielerisch gefestigt.

Klasse	Best.-Nr.	
Klasse 5	11 151	je 80 Seiten
Klasse 6	11 152	ab 16,49 €

FÖ BF 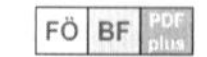

Praktisches für den Schulalltag

Christiane Vatter-Wittl & Jochen Vatter

Lückenfüller Deutsch ... für flotte Schüler

Manche sind mit ihren Aufgaben schneller fertig, andere haben Lehrstofflücken oder machen gerne zu Hause zusätzliche Arbeiten. Oft sind Aufgaben für die Ferien oder das Wochenende angebracht. Hier punkten die Lückenfüller! Der Einsatz in Lern- oder Übungstheken, in Lernzirkeln oder zur Differenzierung ist ebenfalls möglich.

BF 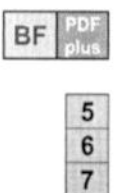

Seiten	Klasse	Best.-Nr.	Preis
64 S.	Klasse 5	12 458	ab 14,49 €
64 S.	Klasse 6	12 459	ab 14,49 €
68 S.	Klasse 7	12 727	ab 15,99 €
76 S.	Klasse 8	12 728	ab 16,49 €
72 S.	Klasse 9/10	12 998	ab 15,99 €

5 6 7 8 9 10

Ulrike Stolz & Lynn-Sven Kohl

33 fix & fertige Vertretungsstunden

Suchen Sie pädagogisch sinnvolle Vertretungsstunden mit hohem Lerneffekt? Genau das war unser Ziel, als wir uns an die Konzipierung dieses Bandes gemacht haben. Die Arbeitsblätter sind abwechslungsreich, universell einsetzbar und sie machen den Schülern Spaß!

68 Seiten	10 645	ab 15,99 €

Jochen Vatter

Lückenfüller ENGLISCH ... für flotte Schüler

Kompetenz- und lernzielorientiertes Material, mit dem geübt, wiederholt, vertieft und nachgeholt wird. Vorhandene Lücken werden sinnvoll genutzt: Zeitliche entstandene Lücken, wenn Aufgaben schneller erledigt worden sind ... oder Kenntnislücken, wenn etwas (noch) nicht vollständig verstanden wurde. Differenzierungsangebote, um verschiedene Abstufungen im Lernstands-Niveau auszugleichen. Oder einfach Aufgaben- und Hausaufgabenangebote, um Sprache flüssig anzuwenden.

FÖ 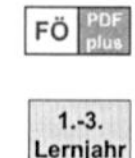

Seiten	Lernjahr	Best.-Nr.	Preis
72 S.	1. Lj.	12 460	ab 14,99 €
72 S.	2. Lj.	12 461	ab 14,99 €
84 S.	3. Lj.	12 739	ab 17,49 €

1.-3. Lernjahr

Marureen C. Ceresini

30 praktische Vertretungsstunden ENGLISCH

Fertige Vertretungsstunden ***vom 1.-6. Lernjahr****. Das Material ist auc... fachfremd Unterrichtende gut einsetzbar, da alle Themen auch mit Lösu... ausgestattet sind. Viele Einheiten lassen sich auch zur Freiarbeit bzw. individuellen Lernen einsetzen. Die verschiedenen Niveaustufen garant... für jede Klassenstufe eine ausreichende Auswahl.*

60 Seiten	11 497	ab 12,49 €

Gabi Deeg

Improvisieren kinderleicht

Die kreativen Übungen des improvisierten Theaters entwickeln und för... die Schlüsselqualifikationen wie Teamfähigkeit und Wahrnehmung. Gl... zeitig werden Persönlichkeit und Selbstvertrauen motivierend und spiele... gestärkt. Sie eignen sich für Projekte zum Improtheater genauso wie für... tretungsstunden und zur Auflockerung des Unterrichts.

96 Seiten	12 154	ab 18,49 €

TIPP

Gabi Deeg

Lernen auf Distanz

Spiele für Online- & Präsenzunterricht

Unterricht via Bildschirm oder mit Abstand? Praktische Übungen bringen Energie, lockern auf und stärken den Gruppenzusammenhalt. Die kurzen Einheiten ohne Vorbereitung oder Materialien fördern spielerisch Kernkompetenzen wie Teamwork, Kreativität & Spontanität oder unterstützen die Vermittlung von Unterrichtsinhalten.

56 Seiten	12 480	ab 13,49 €	Alle Stufen

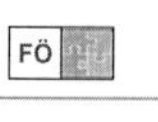

Rudi Lütgeharm

Bewegte Schule — Lernen mit allen Sinnen

Die Neurowissenschaft belegt, dass wir uns etwas besser merken, w... auch der Bewegungssinn beteiligt ist. Mit einer durchdachten Einbindung... Bewegungsabläufen in den Unterricht kann das Durchgenommene als t... Erlebnis gespeichert werden. Mit welchen Mitteln eine Rhythmisierung in... einzelnen Fächern und Situationen geschehen kann, wird in diesem Buc... sofort umsetzbaren Beispielen präsentiert.

64 Seiten	12 427	ab 14,99 €	FÖ

Elke Sewöster

Yoga für Kids — Bewegung und Entspannung

Besonders Kinder können von vielfältigen Yoga-Übungen profitieren. Die... sisübungen in ihren vielfältigen Kombinationen bringen den Kindern eine... sondere Körperwahrnehmung, ein positives Körpergefühl und fördern die... perbeherrschung. Alle Übungen werden kindgerecht und spielerisch erklär... anschaulichen Skizzen und Zeichnungen zur Erläuterung.

112 Seiten	11 109	ab 19,99 €